Challenge Ironman
Auf der Suche nach Sinn

Frank-Martin Belz

Sportwelt
Verlag

Challenge Ironman
Auf der Suche nach Sinn

Frank-Martin Belz

Impressum

Umschlaggestaltung und Satz: Röser MEDIA GmbH & Co. KG, Karlsruhe
Umschlagfotos: Cover oben: ©REUTERS-stock.adobe.com: Hugh Gentry,
Cover unten: Ingo Kutsche
Porträtfoto: Attila Schlüter
Rückseite: PeopleImages / istockphoto.com
Redaktion / Lektorat: Brigitte Caspary, Rebekka Pfeiffer

2. Auflage November 2021
© Sportwelt Verlag
mail@sportwelt-verlag.de
www.sportwelt-verlag.de

ISBN 978-3-941297-49-4
ISBN (eBook) 978-3-941297-50-0

Weitere Titel im Internet unter: www.sportwelt-verlag.de

Für alle Ironman

und solche, die es werden wollen

INHALT

VORWORT

„Das Leben ist kein Sprint, sondern ein Ironman."

Im Jahr 1998 traf ich meine finnische Kollegin Minna auf einer wissenschaftlichen Konferenz in Rom. Wir vereinbarten, nach den Vorträgen gemeinsam die berühmten Decken- und Wandmalereien von Michelangelo in der Sixtinischen Kapelle zu besichtigen. Das gab uns Zeit und Muße, nicht nur über Berufliches, sondern auch Privates zu sprechen. Sie erzählte mir von ihrer Arbeit und der Trennung von ihrem damaligen Ehemann. Ich berichtete ihr von den Schwierigkeiten mit meiner Habilitationsschrift, von den Selbstzweifeln, für eine wissenschaftliche Karriere geeignet zu sein, von der unglücklichen Beziehung mit einer Schweizerin, dem emotionalen Auf und Ab, und davon, dass ich mich zu einem Ironman angemeldet hatte. Damals wog ich fast 80 Kilogramm, war somit leicht übergewichtig und wusste selbst nicht so genau, warum ich mich für den Triathlon über die Langdistanz entschieden hatte. Es schien mir eine interessante sportliche Herausforderung zu sein, die mich reizte. Minna gab mir als einfühlsame Frau jedoch prompt eine plausible, psychologische Erklärung dafür: *Es ginge mir ihrer Meinung nach weniger um das Sportliche, sondern mehr um mich und mein Selbstwertgefühl. Offenbar versuche ich mit dem Ironman, mich wie Münchhausen am eigenen Schopf aus dem Sumpf zu ziehen.* Erstaunt blickte ich sie an, denn es war, als hätte eine Therapeutin zu mir gesprochen. Diese Erklärung leuchtete mir sofort ein und gab dem Unterfangen plötzlich einen viel tieferen Sinn. Die Vorbereitung auf den Ironman war nicht nur eine äußere Reise, die meine Pfunde schwinden ließ, sondern auch eine innere Reise zu mir selbst. Das Finish meines ersten Ironman 1999 in der Schweiz machte mich zu dem, der ich heute bin.

Seitdem absolvierte ich 23 Ironman-Rennen in den verschiedensten Ländern auf vier Kontinenten. Wenn ich von Ironman rede, dann meine ich damit alle Triathlons über die Langdistanz von 3,8 Kilometern Schwimmen, 180 Kilometern Radfahren und 42,2 Kilometern Laufen. Manche meiner Rennen fanden bei strömendem Regen und Kälte um die vier Grad Celsius statt, andere bei Sonne und Hitze um die 40 Grad. Trotz der äußeren Umstände und der inneren Kämpfe kam ich bei allen ins Ziel, worauf ich sehr stolz bin. Ich habe festgestellt, dass die Kontinuität im Training und der eiserne Wille, etwas zu Ende zu führen, was man einmal begonnen hat, meinem Wesen und meinen Überzeugungen zutiefst entsprechen. Das Leben ist kein Sprint, sondern ein Ironman.

Im Laufe der Jahre kamen neben dem Selbstwertgefühl andere, neue Aspekte hinzu, die ich mit dem Triathlon-Training und den jährlichen Rennen verband und die zunehmend in den Vordergrund rückten: Es waren der Drang, mich selbst zu verbessern, die eigenen Leistungsgrenzen weiter hinauszuschieben, die damit verbundenen Körperwahrnehmungen und Naturerfahrungen, die ich vorher nie in dem Ausmaß gemacht hatte, einmalige Reisen, die mich bis ans andere Ende der Welt führten, und tiefe Freundschaften, die mich mit manchen Menschen noch heute verbinden. Vor dem Schreiben dieses Buches waren mir die vielen verschiedenen Aspekte jedoch noch nicht in dieser Klarheit bewusst.

Die Suche nach dem tieferen Sinn des Ironman begann bereits vor einigen Jahren. Nachdem mit meinem Finish beim Ironman Hawaii 2016 ein lang gehegter Traum in Erfüllung gegangen war, erklärte ich im Familien- und Freundeskreis meinen Rücktritt vom Wettkampfsport. *„Man soll aufhören, wenn es am schönsten ist"*, heißt es im Volksmund. Ich hatte mir vorgenommen, mich neben dem Ausdauersport vermehrt anderen Dingen zu widmen. Mit der Zeit stellte ich jedoch verwundert fest, dass mir etwas fehlte. Ich spürte, dass der Triathlon für mich mehr war als ein sportlicher Ausgleich zum Beruf. Er ist ein Teil meiner Identität geworden. So startete ich drei Jahre nach meinem Rücktritt erneut bei einem Ironman – und fühlte mich, als sei ich endlich wieder heimgekommen. Seither trainiere ich unter Anleitung eines Coaches und bin – trotz fortgeschrittenen Alters – so fit wie seit zehn Jahren nicht mehr.

Warum begleitet mich der Ironman weiter im Leben? Was fasziniert mich an ihm? Worin besteht der tiefere Sinn für mich? Diese Fragen beschäftigten mich und gingen mir lange Zeit im Kopf herum. Am Anfang wollte ich sie einzig für mich selbst klären und einen kleinen Reflexionsaufsatz dazu schreiben – so, wie ich es mit meinen Erlebnisberichten der Ironman-Rennen gemacht hatte, die stets großen Anklang bei Familie, Freunden und Bekannten fanden. Doch dann kam COVID-19 und damit eine Zäsur, nicht nur für die gesamte Gesellschaft, sondern auch für die Welt des Sports. Ich war im März 2020 mit Triathlon-Freunden in einem Trainingslager auf Mallorca, als ich den ersten Lockdown erlebte. Wir waren von heute auf morgen angewiesen, in unserem Apartment zu bleiben und mussten gezwungenermaßen Ruhetage einlegen, anstatt unsere Königsetappe mit dem Rad von Alcúdia über das Kloster Lluc zur Bucht von Sa Calobra zu fahren. Jan Frodeno, Triathlon-Olympiasieger 2008 und dreifacher Ironman Hawaii Champion, veröffentlichte in diesem Zeitraum ein Foto auf Instagram, das ihn beim Laufen in einem dunklen Tunnel zeigt, an dessen Ende Licht zu sehen ist. *„Chasing the light at the end of the tunnel. Only when it is taken away ... you realise the true value and freedom of a run in the great outdoors",* schrieb er in seinem Post. Geprägt von den Eindrücken des Lockdowns, der die Bewegungsfreiheit erheblich einschränkte und in Spanien, Italien und Frankreich einer Ausgangssperre gleichkam, hob Jan Frodeno den Wert eines Laufes in der freien Natur hervor. Vieles lernt man erst zu schätzen, wenn man es nicht mehr hat.

Als klar wurde, dass fast alle Wettkämpfe im Jahr 2020 ausfallen würden, stellten sich viele Triathleten die Frage nach dem Sinn ihres Trainings. Manche hörten aufgrund der Umstände sogar ganz mit dem Triathlon auf, doch die meisten begaben sich auf die Suche. Neben gegenseitigen Ermunterungen und Durchhalteparolen fanden sich in den sozialen Medien viele Beiträge von Triathleten, in denen sie über ihr Training und die damit verbundenen Naturerlebnisse berichteten. Das inspirierte mich, und nach und nach wurde aus meinem kleinen geplanten Reflexionsaufsatz ein größeres Projekt, das sich nicht nur mit meinen eigenen Gedanken und Gefühlen beschäftigte, sondern mit denen vieler Triathleten, die zur großen Ironman-Familie gehören. Als Wissenschaftler, der es gewohnt ist, mit qualitativen Methoden zu arbeiten, fing ich an, mich systematischer auf die Suche nach dem Sinn eines Ironman zu begeben. Ich verfolgte Posts in sozialen Medien, las Blogs, Bücher und Triathlon-Magazine, die ich gezielt im Hinblick auf Fragestellungen zu Sinn und Bedeutung auswertete. Darüber hinaus führte ich zahlreiche Interviews mit Altersklassen-Athleten und Profis wie Patrick Lange, dem zweifachen Ironman Hawaii Sieger.

Der Frage nach dem *„Warum?"* nachzugehen, war mir zunächst ein inneres Bedürfnis, das sich im Laufe der Zeit zu einem größeren Projekt auf der Suche nach dem Sinn entwickelte. Mit diesem Buch möchte ich der großen Ironman-Familie, mit der ich viele schöne Erlebnisse verbinde, etwas zurückgeben. Das Buch richtet sich an drei Gruppen: Zunächst ist es für alle Menschen geschrieben, die ihren Sport, insbesondere den Langdistanz-Triathlon, mit Begeisterung betreiben und einen tieferen (Lebens-) Sinn darin sehen. Darüber hinaus richtet sich das Buch an alle, die schon mal mit dem Gedanken gespielt haben, die Herausforderung Ironman anzunehmen. Sie werden sehen, wie facettenreich dieser Sport jenseits des Wettbewerbs und der Finish Line ist. Ich hoffe, die Erlebnisse und Emotionen von anderen Athletinnen und Athleten liefern ihnen Motivation und Inspiration für diese große Herausforderung, die sie und ihr Leben verändern wird. Um jedoch keine falschen Erwartungen zu wecken, möchte ich darauf hinweisen, dass es in dem vorliegenden Buch nicht um Trainingspläne und -methoden als Vorbereitung auf den Ironman geht. Wer daran Interesse hat, den verweise ich auf die sehr guten Trainingsbücher in diesem Bereich.[1]

Last but not least wendet sich das Buch an diejenigen, die zwar mit einer gewissen Bewunderung, aber letzten Endes doch verständnislos den Kopf schütteln und fragen: *Warum machen die das?* Ich versuche, Antworten auf diese Frage zu liefern und beschäftige mich mit den Motiven und den Bedeutungen, die Sportler dem Ironman beimessen. Häufig wird der Langdistanz-Triathlon mit außergewöhnlichen körperlichen Leistungen und Schmerzen verbunden. Mit dem vorliegenden Buch möchte ich jedoch auch das Schöne und das Sinnliche dieses Sports aufzeigen, das häufig im Verborgenen bleibt.

Freising, Januar 2021

Frank-Martin Belz

1 IRONMAN ALS GLOBALER STAMM

Ich war gerade auf dem Weg in die Innenstadt von Freising, als ich an einer Ampel auf ein Paar aufmerksam wurde, das Spanisch miteinander sprach. Beide trugen ein Finisher-Shirt vom Ironman Mexico. *„Wie ist der Ironman auf der Insel Cozumel?"*, fragte ich sie. *„Ich habe mir kürzlich die Videos vom Wettkampf im Internet angeschaut und spiele auch mit dem Gedanken, dort mal zu starten."* So kamen wir sofort ins Gespräch, und die beiden erzählten mir begeistert von dem Wettkampf. Es stellte sich heraus, dass das Ehepaar aus Südamerika gerade vom Halb-Ironman aus Slowenien kam und nun durch Europa reiste. Nach ein paar Minuten schien es, als wären wir schon seit Jahren befreundet, so gut verstanden wir uns. Dabei kannten wir noch nicht einmal unsere Namen. Als der Ehemann schließlich sagte: *„Ironman ist ein globaler Stamm, der denselben Lebensstil pflegt, ähnliche Werte und Erlebnisse teilt, die auf Anhieb miteinander verbinden"*, konnte ich ihm nur aus tiefstem Herzen zustimmen. Der Ursprung dieses globalen Stammes lässt sich auf eine kleine Gruppe von Sportverrückten zurückführen. Doch wie konnte daraus eine Community entstehen, die Menschen weltweit in den Bann zieht?

MYTHOS

Die offizielle Geburtsstunde des Ironman ist der 18. Februar 1978. Es ist der Tag, an dem das Rennen erstmals mit 15 Teilnehmern in Honolulu auf Hawaii stattfand. Obwohl Football, Basketball und Baseball zu den beliebtesten Sportarten in den USA gehören, gab es in den 1970er Jahren einen Trend zu Ausdauersportarten. Zurückzuführen ist dieser auf Kenneth H. Cooper, der 1968 das Buch „Aerobics" veröffentlichte.[2] Der Titel kommt von „aerobic", einem leichten ausdauerndem Training im aeroben Bereich. Als promovierter Sportmediziner stellte Cooper in seinen wissenschaftlichen Untersuchungen fest, wie positiv sich regelmäßige Bewegung und Ausdauertraining auf die Fitness und die allgemeine Gesundheit auswirken. Diese Erkenntnis entwickelte er zu einem Fitnessprogramm mit einem einfachen Punktesystem für jedermann. Offenbar traf er damit den Nerv der Zeit. Das Buch wurde zum Bestseller. In der Originalausgabe sind auf der Titelseite die drei Ausdauersportarten Schwimmen, Radfahren und Laufen dargestellt.

Das Buch und die Aktivitäten des „Cooper Aerobics Centers", das 1970 gegründet wurde, lösten eine Fitnesswelle in den USA aus. Der Sieg des Amerikaners Frank Shorter über die Marathonstrecke bei den Olympischen Spielen von 1972 in München gab dem Ausdauersport nochmals zusätzlich Auftrieb. Joggen wurde zum Inbegriff des sportlichen „American Way of Life", insbesondere in den Küstenstaaten Kalifornien und Florida. In San Diego, einer Stadt im Süden Kaliforniens, wurde die Kombination von Laufen und Schwimmen besonders populär. Gelaufen wurde am Strand und geschwommen in der geschützten Bucht von San Diego. Wettbewerbe dieser Art nannten sich „Biathlon". Es waren Jack Johnstone und Don Shanahan, die auf die Idee kamen, Radfahren zu integrieren und am 25. September 1974 den ersten „Triathlon" zu organisieren. Dieser nannte sich „Mission Bay Triathlon" und ging über knapp 10 Kilometer Laufen, 8 Kilometer Radfahren und circa 500 Meter Schwimmen. Insgesamt gingen 46 Teilnehmer an den Start. Da das Rennen während der Woche stattfand und erst am späten Nachmittag startete, kamen die letzten Teilnehmer erst nach Einbruch der Dunkelheit ins Ziel. Um ihnen den Weg zu weisen, wurden Autos mit Scheinwerferlicht in die Zielarena gestellt. Unter den Finishern waren auch John Collins und seine Frau Judy, die vier Jahre später den Ironman ins Leben riefen.

Dem Mythos nach geht der Ironman Hawaii auf eine Bierwette zurück.[3] Im Februar 1977 saßen Athleten bei der Preisverleihung eines Staffellaufs im Garten der Primo Brauerei in Pearl City auf Hawaii zusammen. Die Teammitglieder des „Waikiki Swim Club" und der „Mid-Pacific Road Runners" diskutierten darüber, ob Schwimmer oder Läufer die fittesten Athleten seien. John Collins warf ein, dass es weder die Läufer noch die Schwimmer seien, sondern vielmehr die Radfahrer. Schließlich sei die höchste jemals gemessene maximale Sauerstoffaufnahmefähigkeit beim belgischen Radprofi Eddy Merckx festgestellt worden, der die Radszene in den 1970er Jahren dominierte und jeweils fünfmal die Tour de France und den Giro d'Italia gewonnen hatte.[4] Damit goss Collins Öl ins Feuer der Diskussion. Um diese ein für alle Mal zu beenden, schlug er schließlich die Kombination von drei bestehenden Rennen auf der Insel Oahu vor: Den „Waikiki Rough Water Swim" über 3,8 Kilometer, das „Around Oahu Bike Race" über 185 Kilometer und den Honolulu Marathon über 42,2 Kilometer. Fünf Gesprächsteilnehmer sagten ihre Teilnahme spontan zu, einige meldeten sich als Freiwillige, um die Veranstaltung zu unterstützen. Ermutigt durch die positiven Rückmeldungen betrat John Collins die Bühne und erläuterte vor mehreren Hundert Staffelläufern das Vorhaben. Er schloss mit den Worten:

„Whoever finishes first, we'll call him the Iron Man."

Wer als Erster das Ziel erreicht, den nennen wir den eisernen Mann. Diese verrückte Idee, die in einer feucht-fröhlichen Bierrunde entstanden war, ließ John Collins in den Folgemonaten nicht mehr los, zumal ihn ein paar sportverrückte Athleten immer wieder an sein Versprechen erinnerten. Wie es das Schicksal so wollte, organisierten John und Judy Collins im Februar 1978 schließlich ein solches Rennen für die lokalen Ausdauerathleten. Im Vorfeld formulierte John Collins auf drei Seiten die Regeln für den „First Annual Hawaiian Iron Man Triathlon". Um das Rennen den örtlichen Gegebenheiten anzupassen, wurde die Radstrecke um drei Meilen gekürzt. Start und Ziel waren in Honolulu, der Hauptstadt von Hawaii auf der Insel Oahu. Im Reglement hob Collins hervor, dass die Veranstaltung kein sportlicher Wettkampf im eigentlichen Sinne sei, sondern vielmehr eine persönliche Herausforderung an der Grenze des Machbaren. Auf der langen Strecke gebe es nur einige wenige Beobachter, so dass es eine Frage der Ehre sei, die Regeln einzuhalten. Jeder habe zudem für ein eigenes Begleit- und Versorgungsteam zu sorgen. Die Startgebühr betrug fünf US$. John Collins schrieb auch den Slogan für den Flyer, der in der Hauptstadt verteilt und aufgehängt wurde:

„Swim 2.4 miles! Bike 112 miles! Run 26.2 miles! Brag for the rest of your life!"

Schwimme 3,8 Kilometer, fahre 180 Kilometer Rad, laufe 42,2 Kilometer und gib für den Rest deines Lebens damit an! 15 wagemutige Männer folgten diesem Aufruf und fanden sich am 18. Februar 1978 in Hawaii ein, um ihre eigenen Grenzen auszutesten. Frauen suchte man bei der ersten Austragung des Ironman noch vergeblich, und auch Judy Collins zog ihr Vorhaben zur Teilnahme kurzfristig zurück. An der

Startlinie war damals ein illustres Völkchen anzutreffen: Einer der Teilnehmer war zwar ein respektabler Radfahrer und guter Läufer, konnte aber kaum schwimmen. Ein anderer kaufte sich kurzfristig ein Rad und lernte erst am Tag vor dem Rennen, damit zu fahren. Die Ausrüstung für das Radfahren war nach den Worten des späteren Siegers „frankensteinmäßig". Energieriegel oder Sportgetränke waren am Markt noch nicht erhältlich. Es war ein großes Abenteuer, und keiner der Athleten war sich sicher, ob und in welcher Zeit die gesamte Distanz bewältigt werden konnte. Der große Favorit für das Rennen war John Dunbar, ein Marinesoldat der amerikanischen Armee. Auch Gordon Haller, ein Sportverrückter, der sich mit Gelegenheitsjobs über Wasser hielt, zählte zum Kreis der Favoriten. Seine große Stärke war der Marathon mit einer persönlichen Bestzeit von 2:27 Stunden.

Nach der Wettkampfbesprechung am frühen Morgen versammelten sich die Teilnehmer zum Start am Strand von Waikkiki.[5] Es war 7:19 Uhr Ortszeit, als die Sonne gerade am Himmel aufging und der Startschuss fiel. Um das Schwimmen so sicher wie möglich zu gestalten, wurde jeder Schwimmer von einem Betreuer auf dem Surfbrett begleitet. Archie Hapai kam als sehr guter Schwimmer nach 57 Minuten als Erster aus dem Wasser, gefolgt von John Dunbar, der auf dem Rad schnell die Führung übernahm. Gordon Haller wies nach dem Schwimmen einen deutlichen Rückstand von 20 Minuten auf. Eine Wechselzone gab es damals noch nicht. *„Ich weiß noch, wie ich mich in der Umkleidekabine vom Hale Koa Hotel umgezogen habe"*, erzählte er später. Auf dem Rad nahm Haller dann die Verfolgung auf. Mit 6:56 Stunden fuhr er den schnellsten Radsplit und machte Boden auf den führenden Dunbar gut. Der Parforceritt hinterließ jedoch seine Spuren: *„Als ich vom Rad stieg, musste ich mir erst einmal eine Massage geben lassen, bevor ich loslaufen konnte"*, erinnerte sich Haller. Beim Marathon spitzte sich der Zweikampf zu: Nach 27 Kilometern schloss Haller zweimal zum Führenden auf, doch wegen Krämpfen und einem Gang zur Toilette musste er ihn wieder ziehen lassen. Die Attacken verfehlten ihre Wirkung jedoch nicht: Nach Kilometer 34 kam für Dunbar der Mann mit dem Hammer. Haller überholte ihn und lief mit einer Gesamtzeit von 11:46 Stunden in der Dunkelheit über die Ziellinie. Allein auf den letzten 8 Kilometern nahm er seinem Konkurrenten über eine halbe Stunde ab. Die Begleiter von Dunbar hatten keine Verpflegung mehr – außer zwei Bier, die für die kleine Feier nach dem Rennen gedacht waren. Da ihm keine andere Wahl blieb, trank Dunbar das Bier und taumelte dem Ziel entgegen. *„Er war weiß wie ein Geist"*, erzählte Haller. Damit ging es ihm nicht viel besser als den anderen Teilnehmern im Feld. Von den 15 gestarteten Athleten erreichten immerhin 12 das Ziel. John

Collins kam nach 17 Stunden kurz nach Mitternacht an. Harold Irving, der Letzte des Feldes, benötigte sage und schreibe 21 Stunden und überquerte erst um vier Uhr morgens die Ziellinie. Doch es zählten nicht die Zielzeiten, sondern vor allem das Finish und die Tatsache, die eigenen persönlichen Grenzen ausgelotet zu haben. Rückblickend meinte John Collins:

> *„Ironman has always been about finishing, what you started. About being able to do, what you've set out to do. Maybe not as fast as the person in front of you, but certainly faster than the person had never started."* [6]

Demnach geht es beim Ironman darum, das zu beenden, was man begonnen hat. Dabei mag man nicht so schnell sein, wie die Athleten, die vor einem liegen, doch man ist immer noch schneller als all diejenigen, die die Herausforderung gar nicht erst angenommen haben. Zum Abschluss erhielten alle Finisher des ersten Ironman Hawaii eine kleine Trophäe aus Eisen. Die Figur ist etwa 40 cm hoch. Das Material ist eine Anspielung auf den „eisernen" Mann. Der Kopf in Form einer Schraube entbehrt nicht einer gewissen Symbolik. Hatte jeder, der beim Ironman Hawaii mitmachte, eine Schraube locker? Es ist allerdings nicht überliefert, ob diese Symbolik von John Collins tatsächlich beabsichtigt war.

Ironman Hawaii
Trophäe 1978

Einen besonderen Preis für den Erstplatzierten oder gar ein Preisgeld gab es nicht. Der Idealismus, mit dem die Veranstaltung initiiert wurde, trägt mit zum Mythos bei. Die öffentliche Resonanz bei der Premiere war sehr gering. Lediglich die Tageszeitung von Hawaii, der „Honolulu Advertiser", veröffentlichte einen kurzen Artikel mit einem Bild von Gordon Haller beim abschließenden Marathon.[7] Von der zweiten Ausgabe des Ironman Hawaii berichtete „Sports Illustrated", die größte Sportzeitschrift Amerikas, in einem ausführlichen Artikel.[8] Infolgedessen meldeten sich Hunderte von Interessierten bei den Collins. Es erreichte sie auch eine Anfrage vom nationalen Fernsehsender ABC mit der Bitte um eine Filmerlaubnis. John Collins sagte diese nur unter der Bedingung zu, dass keine Kosten für ihn als Veranstalter entstünden. Außerdem warf er ein, dass das lange Rennen für Zuschauer langweilig und nicht fernsehtauglich sei. Er warnte den Sender in seinem typisch trockenen Humor:

„Watching the race is about as exciting as watching a lawn-growing contest."

Sich das Rennen anzusehen sei in etwa so aufregend, wie Gras beim Wachsen zuzuschauen. Trotzdem erschien am Renntag ein Produktionsteam von ABC vor Ort. Der Fernsehbeitrag in „Wide World of Sports" am 23. März 1980 brachte dem Ironman erstmals breitere, öffentliche Aufmerksamkeit. Da John Collins vom Militär nach Washington, D.C. berufen wurde, übergab er die Veranstaltung 1981 an ein befreundetes Ehepaar, Valerie Silk und Hank Gundman. Die beiden leiteten einen Fitnessclub auf Hawaii und hatten bereits bei der Organisation der vorhergehenden Wettbewerbe mitgeholfen. John Collins einzige Bedingungen waren, dass er selbst jederzeit Startrecht haben und neben Elitesportlern auch Amateure Startplätze erhalten sollten, da sie das Rennen schließlich auch erschaffen hätten. Dieser Gedanke sollte richtungsweisend für das Wesen der Ironman-Rennen werden, deren Mythos von den Geschichten jedes einzelnen Athleten lebt.

MARKE

Valerie Silk übernahm die alleinige Organisation der Veranstaltung und traf einige weitreichende Entscheidungen: Sie gründete die „Hawaiian Triathlon Corporation" und verlegte das Rennen von Oahu nach Big Island. Der Hauptgrund für die Verlegung war der Verkehr in der Hauptstadt Honolulu, der die Ausrichtung der Veranstaltung schwierig gestaltete und die Sicherheit der Teilnehmer gefährdete. Mit der Verlegung bewies sie ein glückliches Händchen, sollten sich

Finisher-Medaille
Ironman Hawaii 2016

die karge Landschaft, die Lavafelder und die Mumuku-Winde von Big Island doch als besondere Merkmale des Rennens erweisen. Eine weitere Änderung war die Umstellung von persönlichen Begleit-Crews auf eine Schar von Freiwilligen, die sie eigens für das Rennen rekrutierte. Beim Ironman Hawaii 1981 kamen auf 326 Teilnehmer etwa dreimal so viele Helfer, die beim Aufbau halfen, die Strecke absperrten, den Weg wiesen und die Athleten mit Getränken und Nahrung versorgten. Im Jahr 1982 ließ sie auch die Marke „Ironman" offiziell eintragen. Ursprünglich wurde „Iron Man" auseinander geschrieben und „iron" als Adjektiv verwendet (Deutsch: „eiserner Mann"). Ich nehme an, dass sich das schwer als Marke schützen ließ. Daher wurden die beiden Wörter kurzerhand zu „Ironman" zusammengezogen (Deutsch: „Eisenmann"). Neben der Eintragung der Marke beauftragte Valerie Silk auch einen Graphiker mit dem Entwurf eines Logos. Aus meiner Sicht handelt es sich um ein klassisches, zeitloses Design, und es ist kein Wunder, dass es seit Jahrzehnten trotz wechselnder Besitzer unverändert übernommen wurde. Wenn man die Trophäe und das Logo vergleicht, dann ist eine gewisse Ähnlichkeit erkennbar. Insofern werden der Ursprung und die Geschichte des Ironman fortgeführt. Das Logo stilisiert den Oberkörper mit dem Kopf eines Menschen. Gleichzeitig ist das „M" klar erkennbar, welches von einem „i-Punkt" überlagert wird, wie in der Medaille vom Ironman Hawaii ersichtlich ist. So setzt sich das „I" mit dem „M" zum IronMan zusammen.

Im Jahr 1982 nahmen erstmals über 500 Athleten teil. Bei diesem Rennen ereignete sich ein Vorfall, der in die Geschichte des Sports einging.[9] Die damals unbekannte College-Studentin Julie Moss lag bei dem Rennen überraschend in Führung. Gegen Ende des Marathons war sie jedoch vollkommen erschöpft und dehydriert. Sie fiel mehrmals zu Boden, stand aber immer wieder auf, ging ein paar Schritte und versuchte zu laufen. Keine gute Idee, fiel sie doch wieder hin und blieb schließlich 15 Meter vor dem Ziel liegen. Ihre Beine und Arme waren zu schwach, um noch einmal aufzustehen. Die Zuschauer, die sie wenige Sekunden vorher noch angefeuert hatten, wurden still, verfolgten gebannt die Szene und das Drama, das sich vor ihren Augen abspielte. Während Julie Moss am Boden lag, wurde sie von ihrer Verfolgerin Kathleen McCarthy eingeholt. Aus den Augenwinkeln nahm Julie Moss den Vorgang wahr. Sie wusste, dass damit ihr Traum, den Ironman Hawaii zu gewinnen, zerplatzt war. Tiefe Enttäuschung machte sich breit, die um einiges größer war als der körperliche Schmerz:

> „Strangely, it wasn't the physical pain. Even though I could not stand up, I did not hurt so much physically. However, I was devastated by the emotional pain and disappointment of having a dream ripped away – the dream of winning Ironman. I had nothing left to give, nothing to offer this race, nothing inside. Still, my inner voice said, less urgently now that the imminent threat was gone: Crawl. Crawl to the finish." [10]

Als sie nichts mehr zu verlieren hatte, hörte Julie Moss auf ihre innere Stimme, die ihr sagte, auf allen Vieren ins Ziel zu krabbeln. Diese ikonischen Bilder gingen um die Welt. Sie wurden Sinnbild für einen Sport, der an die körperlichen Grenzen geht. Und sie kreierten das Ironman-Mantra, wonach bereits der Zieleinlauf ein Sieg ist.

Im Laufe der 1980er Jahre kam es zu einer weiteren Professionalisierung und Kommerzialisierung der Veranstaltung: 1982 stieg Budweiser als Sponsor ein, 1983 gab es aufgrund der großen Nachfrage erstmals Qualifikationsrennen für die „Ironman Triathlon World Championship", 1986 lobte der Veranstalter erstmals ein Preisgeld von insgesamt 100.000 US$ aus, womit ein wichtiges Signal für die gesamte Sportwelt gesetzt wurde, und 1989 bestritten Dave Scott und Mark Allen Seite an Seite ein Rennen über acht Stunden, das als „Iron War" in die Geschichte einging.[11] Beide gewannen die Weltmeisterschaft auf Hawaii jeweils sechsmal. Sie sind damit lebende Legenden geworden und auch heute noch als Markenbotschafter für den Ironman unterwegs.

Es ist bewundernswert, wie Valerie Silk, die sich selbst als „Nicht-Geschäftsfrau" bezeichnet, mit viel Geschick, Kreativität, Organisationstalent und Überzeugungskraft im Laufe eines Jahrzehnts aus einer kleinen lokalen Veranstaltung ein Sportevent erschuf, das international bekannt wurde und eine große Anziehungskraft auf Athleten, freiwillige Helfer und kommerzielle Sponsoren ausübte. 1989 verkaufte sie ihre Firma „Hawaii Triathlon Corporation" inklusive der Markenrechte am Ironman für drei Millionen US$ an James P. Gills, einen Augenarzt und Triathleten aus Florida, der die „World Triathlon Corporation" und die „Ironman Stiftung" etablierte. Um das Marktpotential für den Triathlon über die Langdistanz voll auszuschöpfen, verfolgte die neu gegründete Organisation eine Internationalisierungsstrategie. Neben bereits fest etablierten Veranstaltungen wie dem Ironman Europe, der von 1988 bis 2001 in Roth stattfand (ab 2002 in Frankfurt am Main), kam eine Reihe neuer Qualifikationsrennen in aller Welt hinzu. Die meisten sind heute noch Teil des internationalen Ironman Circuit, wie beispielsweise der Ironman Switzerland (seit 1996), der Ironman Japan (seit 1997), der Ironman Austria (seit 1998) und der Ironman Florida (seit 1999). Durch die Internationalisierung änderten sich auch die Zusammensetzung des Teilnehmerfeldes und der Kampf um die Spitze beim Ironman Hawaii. Dominierten in den ersten 15 Jahren vor allem nordamerikanische Athleten, änderte sich das Mitte der 1990er Jahre: 1994 gewann mit Greg Welch ein Australier, 1996 mit Luc van Lierde ein Belgier und 1997 standen mit Thomas Hellriegel, Jürgen Zäck und Lothar Leder erstmals drei Deutsche auf dem Siegertreppchen.

Im Jahr 2000 wurde der Triathlon olympisch, was der jungen Sportart enormen Auftrieb gab und zweistellige Wachstumsraten bescherte. Der Markt wurde so attraktiv, dass 2008 die Investmentgesellschaft Providence beim Ironman einstieg: Sie übernahm die Firma „World Triathlon Corporation" und die Rechte an der Marke Ironman von James P. Gills. Der genaue Verkaufspreis ist nicht bekannt, aber es war von 50 bis 80 Millionen US$ die Rede. Das neue Management der „World Triathlon Corporation" nahm eine Markenerweiterung vor: Neben dem Ironman über die Langdistanz, wurde der Ironman 70.3 über die Mitteldistanz systematisch ausgebaut und ein Ironman 5150 (respektive 5i50) über die Olympische Distanz eingeführt. Die Zahl 70.3 steht dabei für die Summe von 1,2 Meilen Schwimmen, 56 Meilen Radfahren und 13,1 Meilen Laufen, während 5150 für die Summe aus 1,5 Kilometern Schwimmen, 40 Kilometern Radfahren und 10 Kilometern Laufen steht. Mit der neuen Serie werden Sportbegeisterte, die neu in die Welt des Triathlons einsteigen und zunächst eine Olympische Distanz absolvieren möchten, früh mit der Marke Ironman in Kontakt gebracht. Diese Strategie der Markenerweiterung und der weiteren Marktdurchdringung sollte sich als überaus erfolgreich erweisen. Im Jahr 2015 verkaufte Providence die „World Triathlon Corporation" für sage und schreibe 650 Millionen US$ an den chinesischen Finanzinvestor Dalian Wanda. Wenn man davon ausgeht, dass die amerikanische Investmentgesellschaft Providence den Ironman im Jahr 2008 für etwa 65 Millionen US$ übernommen hat, dann entspricht das einer Verzehnfachung des Unternehmenswertes. 2020 ging der Ironman wieder in amerikanische Hände über: Der neue Investor Advance, der die Markenrechte für 730 Millionen US$ kaufte, will die Kommerzialisierung weiter vorantreiben.

Neben der Ironman-Serie, die aus globaler Sicht eine marktdominierende Stellung einnimmt, gibt es noch viele andere Veranstalter, die Triathlons über die Langdistanz anbieten. Der wichtigste Wettbewerber ist die „Challenge Family", die weltweit eine Serie von Rennen über Lang- und Halbdistanzen austrägt. Das Zugpferd der Challenge ist die Traditionsveranstaltung in Roth, die bereits seit den 1980er Jahren ausgetragen wird. Die Veranstaltung firmierte ursprünglich als „Ironman Europe", doch nach dem Auslaufen des Lizenzvertrages mit der World Triathlon Corporation, wurde sie 2002 in Challenge Roth umbenannt. Roth ist eine kleine beschauliche Stadt in Bayern, die sich einmal im Jahr im Ausnahmezustand befindet, wenn tausende Triathleten aus aller Welt anreisen und von rund einer viertel Million Zuschauern entlang der Strecke angefeuert werden. Wer einmal in seinem Leben den Solarer Berg hochgefahren ist, der weiß, wie sich Gänsehaut pur anfühlt (siehe Foto S. 44-45). Doch nicht nur wegen der großen Anzahl an Athleten und Zuschauern, sondern auch wegen einer Reihe von Rekorden, die hier aufgestellt wurden, ist die Challenge Roth in die Geschichte des Triathlons eingegangen: So unterbot Lothar Leder in Roth 1996 erstmals die magische Marke von acht Stunden, und im Jahr 2016 stellte dort Jan Frodeno mit 7:35 Stunden eine neue Weltbestzeit über die Langdistanz auf. Eine Besonderheit der Challenge Roth ist, dass neben Einzelstartern auch Staffeln zugelassen sind, wobei sich drei Personen die drei Disziplinen teilen.

Darüber hinaus gibt es noch eine Reihe von Rennen über die Langdistanz, die von nationaler Bedeutung sind und die alle einen besonderen Reiz haben. Dazu gehören unter anderem der Austria Triathlon Podersdorf (Österreich), Alaskaman Extreme Triathlon (USA), der KnappenMan (Deutschland), der Ostseeman (Deutschland), der Outlaw Triathlon (Großbritannien), der Norseman Xtreme Triathlon (Norwegen) und der Strongman (Japan).

MENSCHEN

Wie wir in Zeiten von Corona sehen, würde der Mythos vom Ironman in Vergessenheit geraten und die Marke wäre keinen Cent wert, wenn es nicht Millionen von Menschen gäbe, die dem Triathlon Bedeutung beimessen und sich für einen Wettbewerb anmeldeten. Trotz hoher Anmeldegebühren sind die Startplätze für Rennen wie dem Ironman Frankfurt oder der Challenge Roth häufig nach wenigen Stunden bereits ausgebucht. *Wie lässt sich das erklären? Warum melden sich jedes Jahr weltweit über hunderttausend Menschen für eine Langdistanz an? Warum nehmen sie die Mühe und Entbehrungen einer jahrelangen Vorbereitung auf sich? Was verbinden diese Sportler mit dem Training und dem Ironman?* Das sind die Fragen, mit denen ich mich in dem vorliegenden Buch näher beschäftige. Es geht um den tieferen Sinn und die unterschiedlichen Bedeutungen, die einzelne Athleten dem Ironman beimessen.

Als Professor, der mit qualitativen Methoden der empirischen Sozialforschung vertraut ist und seit Jahren an der Universität unterrichtet, fing ich 2019 damit an, systematisch nach dem Sinn eines Ironman zu suchen. Dabei hat mich das Buch „Counterplay" von Robert Desjarlais inspiriert, einem passionierten Schachspieler und Professor für Anthropologie am „Sarah Lawrence College" in New York.[12] In seiner brillanten Studie vermischt er persönliche Erfahrungen mit Beobachtungen und Interviews von Teilnehmern, um in die Welt des Schachs einzutauchen und aufzuzeigen, welche Bedeutung das königliche Spiel jeweils für die unterschiedlichen Turnierspieler hat. Dabei verfolgt er einen qualitativen Forschungsansatz, der Ethnographie genannt wird. Éthnos stammt aus dem Altgriechischen und bedeutet soviel wie „fremdes Volk", während graphé für

„Schrift" steht. Demzufolge lässt sich „Ethnographie" übersetzen mit „Völkerbe-schreibung". Ursprünglich wurde die Ethnographie zur Erforschung von traditio-nellen, naturnah lebenden Völkern eingesetzt.[13] In jüngerer Vergangenheit wird der Ansatz auch in der Konsumforschung verwendet. So gibt es beispielsweise eine bekannte, ethnographische Studie zu Harley-Davidson-Motorradfahrern, für die sich einer der Autoren längere Zeit einer Gang anschloss, um die Bedeu-tung der Motorräder für die Mitglieder, ihr Verhalten, ihre Rituale, und Symbo-le besser zu verstehen.[14] Ebenso wie Harley-Davidson-Fahrer lassen sich auch Triathleten über die Langdistanz als eine eigene soziale Gruppe oder globaler Stamm verstehen, der nicht räumlich begrenzt ist. Sie teilen ähnliche Werte und Lebensstile jenseits nationaler Grenzen, Kulturen, sozialer Schichten und be-ruflicher Tätigkeiten. Bei den internationalen Veranstaltungen rund um die Welt frönen hunderttausende Mitglieder des globalen Stammes ihrer Leidenschaft. Einmal im Jahr kommen ausgewählte Mitglieder des „Ironman-Stammes" auf Hawaii zusammen, um ihren König und ihre Königin zu bestimmen und ihnen im wahrsten Sinn des Wortes die Krone aufzusetzen.

Ausgehend von meinen eigenen Erfahrungen und Erlebnissen, die ich im Training und in Wettbewerben über 20 Jahre gesammelt habe, beschreibe und analysiere ich die Bedeutungen, die ich dem Ironman als wichtigen Teil meines Lebens beimesse. Um das eigene Erleben nachvollziehbar zu machen und zu reflektieren, betreibe ich Introspektion, das heißt, eine nach innen gerichtete Beobachtung. Diese Form der Selbstbeobachtung kombiniere ich mit Beob-achtungen von Teilnehmern und zahlreichen Gesprächen mit den Mitgliedern des Ironman-Stammes. Mit manchen Triathleten bin ich seit Jahren befreundet und habe mit ihnen viele Ausfahrten mit dem Rad unternommen, an die wir uns heute noch lebhaft erinnern. Andere lernte ich in Trainingslagern näher kennen. Neben den zahlreichen Gesprächen führte ich im Jahr 2020 eine Reihe von Interviews mit ausgewählten Triathleten.[15] Die Genderforschung legt nahe, dass Frauen und Männer unterschiedlich an Sport teilhaben und ihm andere Bedeutungen beimessen.[16] Daher habe ich bewusst weibliche und männliche Athleten für die Interviews ausgewählt. Neben einem „Rookie", also jeman-dem, der vor seinem ersten Ironman steht, habe ich mit Athleten gesprochen, die bereits ein Rennen erfolgreich zu Ende gebracht haben, und solchen, die Ausdauersport schon seit Jahren betreiben und mehrere Langdistanzen ab-solviert haben. Unter den zehn Athleten sind zwei Profis, ein semi-professio-neller Athlet und sieben Amateure, die Triathlon als Hobby neben dem Beruf betreiben. Das Wort Amateur stammt übrigens aus dem Lateinischen und kommt von „Amator", was für Liebender steht. Dabei kann es sich um einen anderen Menschen oder eine Sache handeln, die man liebt und mit Leidenschaft betreibt.

An dieser Stelle werden die zehn interviewten Triathleten kurz vorgestellt. Im nachfolgenden Text wird dann jeweils nur der Vorname genannt, was unter Sportlern üblich ist.

- Daniela Bleymehl ist Profi-Triathletin und hat vier Langdistanz-Rennen gewonnen. Ihr größter sportlicher Erfolg war der Sieg bei der Challenge Roth 2018 in einer persönlichen Bestzeit von 8:42 Stunden.

- Nadin („Din") Eule ist Marketingmanagerin bei einem Kosmetikunternehmen. In ihrer Freizeit betreibt sie Triathlon und Yoga. Sie hat vier Langdistanzen absolviert. In ihrem Blog „Eiswürfel im Schuh" schreibt sie über ihre Erfahrungen und Erlebnisse im Triathlon- und Fitnessbereich.

- Nadine Hunzinger ist Unternehmensgründerin im Triathlon-Bereich. Sie absolvierte ihren ersten Ironman 2019 in Frankfurt.

- Cynthia Junghanns ist bei einer internationalen Bank tätig. Sie war Teilnehmerin bei der Wahl zur Miss Germany 2021 und ist Triathlon-Rookie, der sich auf den Ironman Frankfurt vorbereitet. 2020 finishte sie den KnappenMan im Lausitzer Seenland.

- Patrick Lange ist Profi-Triathlet und gewann 2017 und 2018 die Ironman-Weltmeisterschaft auf Hawaii. Mit 2:39 Stunden hält er den Streckenrekord über die Marathondistanz beim Ironman Hawaii.

- Michael Renz arbeitet als Direktor für Innovation bei einem Softwareunternehmen, das zu den größten weltweit zählt. Er finishte 2017 seinen ersten Ironman in Cairns (Australien).

- Mark Rohde ist Unternehmensgründer im Triathlon-Bereich. Er absolvierte seinen ersten Ironman 2019 in Frankfurt.

- Richard („Richie") Schildknecht ist Leiter einer Schwimmanlage in der Schweiz. Er betreibt bereits seit Mitte der 1990er Jahre Triathlon und absolvierte sieben Langdistanzen in verschiedenen Ländern.

- Torsten Pretzsch war lange in einem mittelständischen Unternehmen tätig. Mit dem Finish bei der Challenge Roth erfüllte er sich 2014 einen großen Traum. 2020 machte er sich im Bereich Fitness und Gesundheit selbstständig.

- Florian Wildgruber ist Buchautor und Motivationsredner. Er begann 2009 mit dem Triathlon und finishte 2016 den Ironman Hawaii. Sein größter sportlicher Erfolg war der Sieg beim Ironman 70.3 in Wiesbaden 2016, wo er Europameister über die Mitteldistanz wurde.

Im Vorfeld der Interviews habe ich alle Athleten gebeten, fünf unterschiedliche Fotos zu suchen, die sie persönlich mit dem Ironman in Verbindung bringen. Diese Vorgehensweise wird als „photo-elicitation interview" bezeichnet. Sie ist besonders dafür geeignet, Erinnerungen, Erlebnisse und Emotionen hervorzurufen.[17] Darüber hinaus habe ich eine Vielzahl von Büchern, Berichten, Blogs und Posts in sozialen Medien gelesen, die von ihnen oder anderen Mitgliedern des Ironman-Stammes veröffentlicht wurden. Bei der Sichtung und Auswertung des Materials lag der Schwerpunkt auf den Sinn- und Bedeutungsdimensionen des Ironman. Um es mit der Metapher eines Eisberges zu beschreiben: Die Spitze des Eisberges ist das, was wir unmittelbar sehen und beschreiben können. Auf den Ironman übertragen handelt es sich dabei um die Bilder eines solchen Rennens, die im Fernsehen ausgestrahlt werden und die den Kampf der Triathleten zeigen. Dazu hören auch der Zieleinlauf und die Erfolge der Triathleten, die sich in objektiv messbaren Zahlen ausdrücken lassen oder das Equipment, in dem Triathleten zum Wettbewerb antreten, allem voran das aerodynamische Triathlon-Rad, das zusammen mit den Laufrädern fast so viel kostet wie ein Kleinwagen.

Im vorliegenden Buch geht es aber nicht um die Spitze des Eisberges, sondern um die Eismassen, die im Verborgenen unter der Wasseroberfläche liegen. Sie sind nicht sichtbar, machen aber doch einen Großteil des Eisberges aus. Ich versuche, die unsichtbare Welt des Ironman zu erkunden und zu verstehen, was die Mitglieder des Ironman-Stammes wirklich antreibt. Dabei geht es um

tiefliegende Aspekte wie das eigene Selbstwertgefühl, Anerkennung durch ande-re, der Drang nach Selbstoptimierung, intensive Körpergefühle und Naturerleb-nisse. Ich schaue in das Innere der Triathleten, in ihre Herzen und Gedanken. Ich erzähle Geschichten aus dem Leben von Menschen, die sich dem Langdistanz-Triathlon gestellt haben. Die Geschichten beruhen auf authentischen Erfahrungen und intensiven Erlebnissen. Manche handeln von hohen Erwartungen und tiefen Enttäuschungen, andere von der kompletten Wandlung des eigenen Lebens.

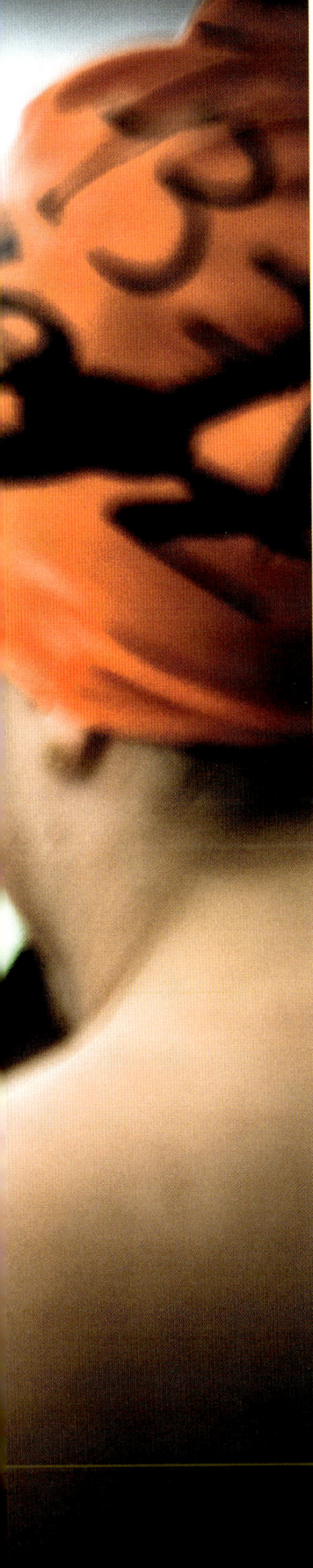

2 SELBSTWERTGEFÜHL

Die meisten Triathleten haben ein positives Selbstwertgefühl. Sie sind mit sich selbst als Person zufrieden und fühlen sich den Aufgaben gewachsen, die sich ihnen in unterschiedlichen Lebensbereichen stellen. Was dem Einzelnen wichtig ist, entscheidet er letzten Endes selbst: Das können das Aussehen, soziale Beziehungen zu Familie und Freunden, intellektuelle oder sportliche Leistungen sein.[18] Für manche Menschen hat indes der Ironman eine besondere Bedeutung. Er führte zu einer Steigerung des Selbstwertgefühls und brachte vielen eine positive Wendung im Leben. So ging es auch mir.

SCHAFFENS- UND LEBENSKRISE

Im Jahr 1998 hatte ich eine Schaffens- und Lebenskrise. Mit meiner wissenschaftlichen Arbeit und der Karriere kam ich nicht recht voran. Ausgestattet mit einem Stipendium vom Schweizerischen Nationalfonds hatte ich alle Freiheiten, die man sich als Forscher wünschen kann. Doch anstatt an eine renommierte Universität in die USA zu gehen, um mir neue Impulse und Ideen für meine Arbeit zu holen, blieb ich wegen einer neuen Beziehung in St. Gallen in der Schweiz. Ich genoss die Lebensfreude meiner damaligen Partnerin, aber gleichzeitig machte mir ihre Sprunghaftigkeit zu schaffen. Das Hin und Her in der privaten Beziehung brachte meine innere Ruhe und Stabilität aus dem Gleichgewicht. Hinzu kam, dass sie als erfolgreiche Geschäftsfrau meine Tätigkeit herabsetzte. Sie hatte keinerlei Verständnis für

Wissenschaft: *„Wann willst du denn mal was Richtiges in der Wirtschaft arbeiten?"*, fragte sie mich manchmal in sarkastischem Ton. Darüber hinaus hatte ich ein Jahr zuvor mit dem Tennis aufgehört und trieb keinen regelmäßigen Sport mehr, der immer ein wichtiger Bestandteil meines Lebens war. Anstatt mich auf dem Tennis-platz auszutoben oder im Wald zu laufen, aß ich nun am Abend häufig Schweizer Rösti mit Zürcher Geschnetzeltem und trank guten Wein. Der Lebenswandel und die allgemeine Unzufriedenheit führten unweigerlich zu einer Gewichtszunahme.

In dieser schwierigen Phase meines Lebens meldete ich mich für den Iron-man Schweiz an. Ich hatte in der Zeitung davon gelesen und einen kurzen Bericht im Schweizer Fernsehen gesehen. *Warum ich das gemacht habe?* Damals wusste ich es selbst nicht so genau. Erst im nachhinein lieferte mir meine Kollegin und Freundin Minna eine gute, tiefer gehende Erklärung: *Weil es um mein Selbstwert-gefühl ging.* Normalerweise wäre es sinnvoll gewesen, sich über einen kürzeren Triathlon an dieses große Abenteuer zu wagen, aber die Olympische Distanz über 1,5 Kilometer Schwimmen, 40 Kilometer Rad und 10 Kilometer Laufen schien mir im Bereich des Möglichen. Ich suchte eine Herausforderung, die jenseits meiner Vorstellungskraft lag und an der ich ebenso scheitern konnte. Meine Ansage lau-tete daher: *Ein Ironman ist der Mount Everest, den ich erklimmen will!*

Der Zeitpunkt meiner Anmeldung und der Überweisung des Startgeldes war im Oktober 1998. Damals war Triathlon über die Langdistanz noch nicht so be-kannt, und daher gab es keinen Run auf die vorhandenen Startplätze, wie das heute bei manchen Rennen der Fall ist. Ich hätte also mit der Anmeldung prob-lemlos noch ein paar Monate warten können, aber ich wollte mich festlegen. Mit dieser Selbstverpflichtung war der erste Schritt getan. *Doch wie konnte ich mich am besten auf die lange Reise vorbereiten?* Im persönlichen Freundeskreis kannte ich niemanden, der Triathlon, geschweige denn einen Ironman, machte. Glückli-cherweise erschien in diesem Jahr ein Buch, das mich sofort ansprach und heute noch in meiner Bibliothek steht. Der Titel lautet „Ironman: Das 8-Stunden-Triath-lon-Programm".[19] Das Buch richtet sich nicht an Leistungssportler, die um Zeiten und Platzierungen kämpfen, sondern vielmehr an Freizeit- und Hobbysportler, die einem Beruf nachgehen und sich den Traum vom Ironman erfüllen wollen. In der Einführung spricht der Autor Ole Petersen von den Barrieren, einen Ironman zu absolvieren („Gründe, es nicht zu tun"). Er beschreibt die Vorurteile, die Fakten und präsentiert mögliche Lösungen. Er spricht von sich selbst und all den Feh-lern, die er als Anfänger im Training und bei Wettkämpfen gemacht hat. Diese schonungslose Offenheit bezüglich seiner eigenen Unzulänglichkeiten finde ich mutig und macht ihn als Autor sehr glaubwürdig. Das Buch von Ole Petersen beschäftigt sich mit Zielsetzung, Leistungsdiagnose sowie Trainingssteuerung und -planung für einen Ironman. Es verfolgt das Pareto-Prinzip, das besagt: *80 % der Ergebnisse können mit 20 % des Gesamtaufwandes erreicht werden.* In meinem Fall hießen 80 % des Ergebnisses das Finish beim Ironman. Die 20 % Aufwand bezifferte ich mit rund acht Stunden Training pro Woche. Dieser Ansatz schien mir sinnvoll, wenn ich neben dem Ironman auch meine wissenschaftliche Arbeit nicht vernachlässigen und einen Ausgleich im Leben finden wollte.

Ausgestattet mit dem neuen Wissen, ging ich meine persönliche Mount-Everest-Besteigung an. Zunächst galt es, das Basislager einzurichten, sprich, die Grundlagen für den Ironman zu legen. Da es in der Schweiz während der Wintermonate sehr kalt ist und in St. Gallen viel Schnee liegt, kam Radfahren zunächst nicht in Frage. Um das zu ändern, meldete ich mich bei einem Fitness Center in unmittelbarer Nähe an. Zu diesem Zeitpunkt gab es in der Schweiz einen regelrechten Spinning-Boom. Im Fitness Center, dem ich beitrat, wurden fast jeden Tag Spinning-Kurse angeboten. Mit der Zeit fand ich viel Spaß an der Sache. Neben der Bewegung, der Gruppe und der animierenden Musik spielte auch das Mentale eine große Rolle. Unter Anleitung der ausgebildeten Master Instructors stellte ich mir vor: *Wir fahren uns locker in der Gruppe auf der Ebene ein. Wenn wir warm sind, stehen wir auf und machen ein paar kurze Sprints. Nun sehen wir eine Steigung vor uns. Wir sehen einen Pass und fahren in gleichmäßigem Tempo den Berg hinauf.* Das Spinning, die Fitnesskurse und das Laufen im Wald führten dazu, dass die überflüssigen Pfunde wie Schnee in der Sonne dahinschmolzen. Innerhalb weniger Monate hatte ich bei einer Körpergröße von 1,82 Metern wieder mein altes Idealgewicht von 70 Kilogramm erreicht. Das hatte jedoch auch Nachteile: Soweit ich mich erinnern kann, habe ich vorher und nachher nie mehr so viel gefroren wie in jenem Winter. Mein Körperfettanteil sank innerhalb kürzester Zeit erheblich, und mein Körper reagierte auf die Kälte mit Frösteln und Zittern der Muskeln, unabhängig davon, welche Jacke ich trug und wie viele Schichten ich anzog.

Der regelmäßige Sport und der schlanke Körper steigerten allerdings eines: mein Selbstwertgefühl. Das gab mir Kraft, und ich fand den Mut, mich von meiner damaligen Partnerin zu trennen und aus der gemeinsamen Wohnung auszuziehen. Ich zog in eine Studenten-WG, in der gerade ein Zimmer frei geworden war. Anstatt einer großen Luxuswohnung mit Ausblick auf die St. Galler Altstadt und die umliegenden Berge, fand ich mich in einem kleinen Zimmer wieder. Doch das störte mich nicht im Geringsten – ich war innerlich befreit und gelöst. Nach der Trennung zog ich mir im Frühjahr 1999 eine schwere Virusinfektion zu, die über mehrere Wochen ging und mein Ironman-Projekt ernsthaft gefährdete. Mein Körper war vollkommen entkräftet. Ich konnte kaum zehn Treppenstufen gehen, ohne außer Atem zu geraten. Die junge Ärztin, die mich im Gesundheitszentrum behandelte, war ratlos. *„Vielleicht ist es Pfeiffersches Drüsenfieber"*, vermutete sie aufgrund der Symptome. Entsprechende Tests blieben allerdings negativ. Da ich neben der Abgeschlagenheit auch eine starke Schwellung der Lymphknoten am Hals hatte, befürchtete sie das Schlimmste: *„Möglicherweise handelt es sich um Lymphdrüsenkrebs"*, sagte sie in der nächsten Sprechstunde. Daraufhin wurde mir abwechselnd heiß und kalt. Glücklicherweise stellte sich auch das als Fehldiagnose heraus. Als sie nicht mehr weiterwusste, überwies sie mich an einen älteren Kollegen. Er war aufgrund der Befunde wesentlich gelassener: *Das sei eine Virusinfektion infolge körperlicher Belastung und werde sich bestimmt bald wieder geben.* So war es dann glücklicherweise auch. Nach drei Wochen kam ich langsam, aber sicher wieder zu Kräften. Ich vermute, dass meine Erkrankung körperliche und seelische Ursachen hatte: Einerseits war sie eine Reaktion des Körpers auf das viele Training, das er zu jenem Zeitpunkt noch nicht gewöhnt war. Andererseits war sie aber auch eine Reaktion der Seele, die sich nach der unglücklichen Partnerschaft und der anstrengenden Zeit der Trennung mit den Symptomen Ausdruck verschaffte. So nahm ich nach Ostern langsam wieder das Training auf und machte meine ersten Radausfahrten im Freien. Anstatt viel Geld in ein neues Rad zu investieren, kaufte ich ein gebrauchtes von einem Kollegen. Es war ein klassisches Rennrad aus Stahl. Am Anfang fuhr ich noch mit normalen Sportschuhen in den Körbchen, bevor ich mir zwei Monate vor dem Wettkampf auch ein paar Radschuhe mit Klickpedalen besorgte. Um wenigstens einmal das Gefühl für einen Triathlon zu bekommen und die Wechsel zu üben, nahm ich im Juni an einem kleinen Triathlon in der Nähe von St. Gallen teil. Trotz einer Reifenpanne, die mich gut und gerne zehn Minuten kostete, landete ich auf dem sechsten Platz von insgesamt 42 Teilnehmern. Das kam vollkommen überraschend für mich, und ich war stolz auf die gute Platzierung. Neben allen Urkunden und Medaillen des Ironman bewahre ich aus nostalgischen Gründen auch die Rangliste meines ersten Triathlons noch immer in meinen Unterlagen auf.

So fühlte ich mich gut gerüstet für den Ironman in Zürich. In der Woche vor dem Wettkampf ließ ich es ruhig angehen und malte mir aus, mich von morgens bis abends meiner wissenschaftlichen Arbeit zu widmen. Es war jedoch eine recht unproduktive Zeit. Vor lauter Nervosität konnte ich keinen klaren Gedanken fassen, geschweige denn, etwas niederschreiben. Am 1. August 1999 war es dann soweit. Es war ein wunderschöner Tag, und wir schwammen 3,8 Kilometer bei aufgehender Sonne im Zürichsee. Die Radstrecke war sehr anspruchsvoll und führte 180 Kilometer durch die umliegenden Berge. Dabei waren über 2.500 Höhenmeter zu überwinden. Den Abschluss bildete der Marathon, der am Ufer des Zürichsees entlangführte. Ich erinnere mich, dass es am Nachmittag sehr heiß war und viele Athleten gehen mussten oder am Wegesrand pausierten. Ich hatte mich beim Radfahren jedoch bewusst etwas zurückgehalten, um mir das Rennen und die Kräfte gut einzuteilen. Im abschließenden Marathon lief ich langsam, aber gleichmäßig, so dass ich viele Plätze gut machen konnte, was mich zusätzlich motivierte. Und so kam ich mit einer Gesamtzeit von 12:37 Stunden überglücklich ins Ziel. Das war ein wichtiger Moment in meinem Leben. Das Training und das erfolgreiche Finish hatten mich nachhaltig verändert. Ich gewann mein Selbstwertgefühl zurück, das ein Jahr zuvor noch am Boden gelegen hatte. In den Monaten nach dem Ironman konnte ich weiter an meiner Habilitationsschrift arbeiten, die ich 2000 erfolgreich abschloss.

Ironman 1999:
Das Rennen, das mein
Leben veränderte

LOKFÜHRER STATT PASSAGIER

Meine Geschichte weist gewisse Parallelen zu Torstens Leben auf: Er studierte Elektrotechnik und trat nach dem Studium eine Stelle in München an.[20] Als Projektingenieur nahm er große Maschinenanlagen in Betrieb und arbeitete regelmäßig 50 bis 60 Stunden pro Woche. Die Wochenenden brauchte er zur Erholung, wodurch sich die sozialen Kontakte auf ein Minimum beschränkten und sein Freundeskreis immer kleiner wurde. War Torsten früher sportlich aktiv und spielte viel Tennis, nahm diese Freizeitbeschäftigung mit dem Einstieg in den Beruf deutlich ab, bis der Sport schließlich ganz zum Erliegen kam. Nach außen hin war scheinbar alles gut, weil Torsten einen guten Job mit Karriereperspektiven hatte, aber in ihm drin sah es ganz anders aus. Aus seiner Sicht war das Glas immer halb leer statt halb voll. Er war latent unzufrieden mit sich und seinem Leben. Die mangelnde körperliche Fitness und sein Übergewicht trugen auch nicht dazu bei, sich besser zu fühlen.

Bis zu jener Radtour im Jahr 2007: Wie jedes Jahr traf er sich auch damals mit drei guten Freunden zu einem langen Wochenende. In diesem Jahr beschlossen sie, an den Gardasee zu fahren, um tagsüber etwas in der schönen Umgebung am See oder den umliegenden Bergen zu unternehmen und abends in gemütlicher Runde zusammenzusitzen. An jenem Tag liehen sie sich Mountainbikes. Die Tour entwickelte sich schnell zu einer regelrechten Tortur für Torsten, die er folgendermaßen schildert:

„Es war für den frühen Zeitpunkt im Jahr sehr heiß. Schon die Meter des ersten Anstiegs ließen mich wie eine Dampflok schnaufen und nach einer Zigarette verlangen. Meine Freunde hatten mich bereits nach wenigen Höhenmetern abgehängt, und der Frust stieg mit wachsendem Abstand. Was war nur aus mir geworden? Wieso tue ich mir das hier eigentlich an? Ich könnte jetzt bei einem Weißbier am See die Aussicht und das Leben genießen. Stattdessen fluchte ich bei jedem Tritt in die Pedale, und der Abstand zu den selbst nicht super fitten Freunden wuchs immer mehr. Erst einmal Pause und trinken. Meine Freunde rollten den Berg zu mir hinunter und fragten mich erstaunt: Ob ich eine Panne habe oder mein Rad streike?"

Um sein Gesicht zu wahren, schob Torsten schlechtes Essen und eine Magenverstimmung vor. Sein Stolz und der Ehrgeiz ließen es aber nicht zu, dass er alleine umkehrte:

„Störrisch und mit hochrotem Kopf trat ich eisern in die Pedale. Stoppte alle paar Meter, um kurz durchzuschnaufen und schob mich weiter mit der Geschwindigkeit einer Schnecke den Berg hinauf. Auf den letzten Metern des Anstiegs war ich längst total leer. Locker plaudernd warteten meine Freunde auf der Anhöhe – denn einen Gipfel konnte man das nicht nennen – doch ich war am Anschlag, vollkommen am Ende, und als ich oben ankam, fiel ich förmlich vom Rad. Die Reaktion meiner Freunde: Ungläubige Blicke verbunden mit der Frage, ob ich ok sei. Als sie bemerkten, dass es tatsächlich nur Erschöpfung war, wurde aus ungläubigen Blicken ein Schmunzeln und im weiteren Verlauf des Tages – und auch der Folgemonate – purer Hohn und Spott.“

In diesen Tagen reifte in ihm die Erkenntnis, dass er in seinem Leben etwas ändern musste. Den entscheidenden Anstoß bekam er von seinem Arbeitskollegen Freddy, mit dem er eine Produktionsanlage in Betrieb nahm. Am Abend saßen sie in einem griechischen Restaurant, tranken Bier und aßen fettige Speisen. Irgendwann kam die Sprache auf Sport, und der übergewichtige Kollege erzählte erst zögerlich und dann mit immer größerer Begeisterung von seinem früheren Leben als Triathlet. Im Gespräch stellte sich heraus, dass er in den 1990er Jahren Langdistanzen in Spitzenzeiten absolviert hatte. Er sagte, dass der Einstieg mit einer kurzen Distanz für jeden machbar sei. Inspiriert durch diese Worte, meldete sich Torsten in einem Anflug von Übermut für den nächsten Volkstriathlon in München an, der über 400 Meter Schwimmen, 20 Kilometer Radfahren und 5 Kilometer Laufen ging. Für die Vorbereitung blieben ihm vier Monate Zeit. Gemessen an seiner damaligen Form war das für ihn eine große Herausforderung. Beim ersten Training konnte er kaum zehn Minuten am Stück laufen. Durch den Wechsel von Laufen und Gehen machte er jedoch kontinuierlich Fortschritte, was auch seiner Motivation zuträglich war. Das Radfahren schien ihm trotz der unguten Erinnerungen an den Gardasee machbar, da das Streckenprofil sehr flach war. Mehr Sorgen bereitete ihm das Schwimmen, da er noch nicht richtig kraulen konnte. Mit Brustschwimmen ließ sich die Sache jedoch meistern, so dass er seinen ersten Volkstriathlon im Mai 2008 erfolgreich absolvieren konnte und mit einem breiten Lächeln überglücklich ins Ziel lief.

Wenige Monate später radelte Torsten mit dem Mountainbike rund 800 Kilometer die Elbe von der Mündung in Cuxhaven über Hamburg und Dresden bis an die deutsch-tschechische Grenze entlang. Er fuhr diese Tour bewusst alleine. Ursprünglich wollte er darüber ein Tagebuch führen, doch seine Einträge wurden immer mehr zu Reflektionen über sein eigenes Leben. Dabei kamen ihm grundlegende Fragen, die er sich in dieser Form vorher noch nie gestellt hatte:

„Wo will ich im Leben stehen? Wie soll meine Karriere aussehen? Wie mein sportlicher Weg? Und was macht mich wirklich glücklich?"

Torsten bezeichnet die Radtour entlang der Elbe heute als eine Reise zu sich selbst. Dabei stellte er fest, dass die Ziel- und Orientierungslosigkeit einer der Hauptgründe für seine latente Unzufriedenheit war. Er vergleicht sich selbst mit einem Passagier, der in einem Zug sitzt und die Welt an sich vorbeirauschen lässt. Er nahm sich für die Zukunft vor, die Rolle des Lokführers in seinem eigenen Leben einzunehmen, der die Weichenstellungen und das Tempo selbst bestimmt. Dabei sollte auch Sport eine wichtige Rolle spielen:

„Mit jedem Kilometer, den ich der sächsischen Schweiz näher kam, stiegen das Selbstvertrauen und die Einsicht, dass Sport einfach zu meinem Leben gehört. Dass ich ihn brauche, um meine Laune hoch zu halten, um zu entspannen und nicht zuletzt für meine Ausgeglichenheit. Einfach dafür – damit es mir gut geht."

So wurde Sport vom einmaligen Projekt zur täglichen Routine. Neben kleineren Wettbewerben finishte er 2009 seinen ersten Triathlon über die Olympische Distanz. Und verfolgte so Schritt für Schritt seinen großen Traum: eines Tages einen Ironman zu schaffen. Er hörte mit dem Rauchen auf und eignete sich als Autodidakt Wissen zur Trainingslehre im Triathlon an. Nach einem Halbmarathon lief er auch seinen ersten Marathon. Vier Jahre später war es dann soweit: Nach einer erfolgreichen Mitteldistanz meldete er sich 2014 zur Challenge Roth an. Wie wichtig ihm die Erfüllung dieses Traums war und welche Priorität Sport in seinem Leben neben dem Beruf bekommen hatte, zeigen zwei Entscheidungen: Im Herbst 2013 bekam er ein gutes Jobangebot für eine neue Führungsposition in seiner Firma, das er mit der Begründung ablehnte, dass es nicht mit seinem privaten Ziel und dem Training für die Challenge im nächsten Jahr vereinbar sei. Im Frühjahr 2014 ging er noch einen Schritt weiter und bat um unbezahlten Urlaub, was damals für Führungskräfte in diesem Unternehmen ein Novum war und als ein Ding der Unmöglichkeit galt. Die Auszeit wurde gewährt und machte ihm den Weg frei: Im Juli ging Torsten bei der Challenge Roth an den Start und finishte in 12:22 Stunden. Im Ziel nahm ihn sein Trainingskollege Freddy in Empfang, der ihm damals den Anstoß zum Triathlon gegeben hatte und mittlerweile ein Freund geworden war. Dieses Finish markierte für Torsten den größten Tag in seinem Sportlerleben. Es steht für das Ende einer langen Reise, die sieben Jahre zuvor begonnen und in deren Verlauf er ein vollkommen neues Selbstwertgefühl gewonnen hatte.

DOMINANZ UND MISSBRAUCH

Natascha Badmann ist bekannt als die „Queen of Kona", weil sie den Ironman Hawaii sechsmal gewann und damit zu den erfolgreichsten Triathletinnen aller Zeiten gehört. Weniger bekannt ist ihr Leben vor dem Triathlon und ihre traurige Kindheit. In ihrer bewegenden und lesenswerten Autobiographie spricht sie davon, zwei verschiedene Leben geführt zu haben.[21] Das erste Leben begann mit ihrer Geburt am 6. Dezember 1966 in Basel. Ihre Mutter war zu diesem Zeitpunkt erst 21 Jahre alt und unverheiratet, der leibliche Vater war ein Deutscher und wollte sich nicht binden. Natascha war offenbar kein Wunschkind. Die Mutter musste sie alleine großziehen, was in der bürgerlichen Zeit der 1960er Jahre sehr schwierig war. Nach außen wahrte ihre Mutter stets den Schein und war zu anderen Kindern immer nett, ihr gegenüber aber ausgesprochen streng, um nicht zu sagen dominant. Natascha schreibt über ihre Mutter:

> *„Die Kinder, die zum Spielen zu mir kamen, liebten sie. Doch ich denke heute, dass hinter dieser Fassade der Fröhlichkeit eine im Grunde zutiefst unglückliche Frau steckte. Um sich nicht mit ihrem Leben beschäftigen zu müssen, wollte sie meines vollkommen kontrollieren, was für mich grauenhaft war. Ich sollte so werden, wie sie es sich vorstellte, auch wenn es nicht meinem natürlichen Wesen entsprach. In ihrer vermeintlich süßen Art wurde sie zu meiner Herrin und Meisterin."[22]*

Finanziell gesehen mangelte es Natascha in ihrer Kindheit an nichts. Die fehlende emotionale Nähe und Wärme wurden durch materielle Dinge kompensiert. Sie bekam schöne Kleider und Schuhe. Sie wurde mit Klavier- und Ballettstunden gefördert. Sie hatte einen eigenen Hund zum Spielen und später auch ein

Pferd zum Reiten. Trotzdem entsprach sie nicht den Vorstellungen ihrer Mutter. Im Gegensatz zu ihrer schlanken, attraktiven Mutter war Natascha als Kind eher dick und unsportlich. Die Sportstunden in der Schule blieben ihr nicht in guter Erinnerung:

> *„Ich gehörte zu den Dicksten in der Klasse, kam nicht die Kletterstange hoch, schaffte im Hochsprung keinen Meter, und der Ball flog aus meiner Hand keine fünf Meter weit. Wo es nur ging, machte ich eine schlechte Figur."*[23]

Sie fühlte sich als Außenseiterin und als „Loser der Familie". Als sei dies nicht schmerzlich und schlimm genug, wurde sie von ihrem Stiefvater über Jahre hinweg sexuell missbraucht. Der erste Übergriff fand während der Sommerferien im Tessin statt, als sie noch keine 12 Jahre alt war. Der letzte war mit 19 Jahren, als sie bereits eine erwachsene Frau und Mutter eines Kindes war. Der Stiefvater raubte ihr nicht nur die Kindheit, sondern auch die Jugend. Als Folge des sexuellen Missbrauchs wurde Natascha depressiv, und es gab eine Zeit, in der sie ihr Leben für nicht mehr lebenswert hielt. Die sexuellen Übergriffe waren jedoch nicht der einzige Grund für ihre Traurigkeit und Depressionen. Es war auch das Zusammenspiel aus Dominanz und Macht, das ihre Mutter und ihr Stiefvater auf sie ausübten. Aufmerksamkeit und Anerkennung erhielt sie nur, wenn sie sich anpasste und unterordnete. Dadurch wurde ihr die Möglichkeit genommen, ihre eigenen Vorstellungen, ihren Willen und ihre Persönlichkeit zu entwickeln. In dieser Situation war es kein Wunder, dass sie kein Selbstwertgefühl besaß. Sie war wie in einem Käfig gefangen, aus dem es kein Entfliehen gab. Das sollte sich erst ändern, als sie ihren Lebenspartner Toni Hasler kennenlernte und den Triathlon für sich entdeckte – der Beginn ihres zweiten Lebens.

Natascha und Toni arbeiteten in derselben Firma und kamen dadurch ins Gespräch. Sie wollte abnehmen, weil sie sich noch immer zu dick fand. Toni, durch und durch Sportler, meinte zu dem heiklen Thema: *„Fräulein, wenn Sie abnehmen wollen, müssen Sie erst einmal anfangen zu essen!"*, wobei er hinterherschickte: *„Aber Sie müssen sich auch ein bisschen bewegen."*[24] Noch am selben Tag ging Natascha laufen und erzählte es ihm am nächsten Tag voller Stolz. Es habe sogar Spaß gemacht oder zumindest das Gefühl, das sich danach einstellte, weil sie etwas geleistet habe, selbst wenn es nur 1,5 Kilometer gewesen seien, die sie anfangs zurücklegen konnte. Dies war der Anfang ihrer

Beziehung und der Einstieg in den Sport, der so richtig Fahrt aufnahm, als sie Toni zu einem Triathlon begleitete. Die Atmosphäre, der Kampfgeist und die glücklichen Gesichter im Ziel beeindruckten sie zutiefst. *„Das will ich auch!"*, war ihre erste Reaktion, als Toni nach dem Wettkampf aus der Dusche kam. Toni spürte ihre Begeisterung für den Sport und die Freude an der Bewegung. Er half bei den ersten Schritten im Training, und im nächsten Sommer startete sie zunächst bei einem Duathlon, bevor sie dann wenige Wochen später ihren ersten, lang ersehnten Triathlon über die Sprintdistanz bestritt. Für sie war es ein großes Abenteuer, da sie in einem See schwimmen musste und damals noch fast panische Angst vor offenen Gewässern hatte. Doch auch diese Angst und die gesamte Distanz konnte sie erfolgreich überwinden. Sie beschreibt ihre Gefühle wie folgt:

> *„Ich landete auf einem Platz irgendwo im Mittelfeld, aber das war mir nicht so wichtig. Alles, was in diesem Augenblick zählte, war die Freude an der Bewegung. Vor allem aber der unheimliche Stolz, ins Ziel gekommen zu sein und einen Triathlon geschafft zu haben. Das war für mein Selbstwertgefühl enorm wichtig."*[25]

Nach dieser schönen Erfahrung wurde der Sport allmählich zum festen Bestandteil in ihrem Leben. Die ersten Erfolge des regelmäßigen, systematischen Trainings unter Tonis Anleitung ließen nicht lange auf sich warten. Bei den Duathlon-Europameisterschaften 1990 in Zofingen, die auf der Kurzstrecke über 5 Kilometer Laufen, 30 Kilometer Radfahren und weitere 10 Kilometer Laufen gingen, erreichte sie in einem international gut besetzten Feld zur Überraschung aller den siebten Platz. Damit wurde sie beste Schweizerin, was eine Nominierung für die Triathlon-Nationalmannschaft nach sich zog. In den folgenden Jahren gewann Natascha eine Reihe von Duathlons und Triathlons über die Olympische Distanz auf nationaler und internationaler Ebene. Der Sieg 1996 über die Langdistanz beim Powerman Zofingen, der damals nicht nur für Duathleten, sondern auch Triathleten das Non plus ultra war, hatte weitreichende Konsequenzen für ihre Karriere. Sie erhielt damit eine Einladung für den Ironman Hawaii, wo sie bei ihrer Premiere lange Zeit in Führung lag, sich beim Laufen ein packendes Duell mit der damaligen Seriensiegerin Paula Newby-Fraser lieferte und am Ende sensationell Zweite wurde. Im Jahr 1998 konnte Natascha als erste Europäerin den Ironman Hawaii gewinnen. Der Rest, mit sechs Siegen auf Hawaii, ist Geschichte.

Natascha Badmann im
Trainingslager auf Gran Canaria

Auf den ersten Blick haben die drei geschilderten Lebensgeschichten nicht viel gemeinsam. Auf der einen Seite stehen zwei Männer, die mit Anfang 30 eine verfrühte Midlife-Crisis hatten. Auf der anderen Seite eine Frau, die in ihrer Kindheit und Jugend traumatische Erlebnisse durchmachen musste. Auch wenn sich die drei Fälle voneinander unterscheiden, so verbindet sie doch eines miteinander: Triathlon, insbesondere der Ironman, war für alle der Schlüssel zu einem gesteigerten Selbstwertgefühl. Manchmal frage ich mich, wie mein Leben ohne den Ironman verlaufen wäre. *Wäre es mir gelungen, mich so schnell und so gut aus einer toxischen Beziehung zu befreien? Hätte ich die Habilitationsschrift abgebrochen und damit meine wissenschaftliche Karriere aufgegeben?* Die Fragen sind rein hypothetischer Natur, aber mein Leben wäre wahrscheinlich anders verlaufen. Die Vorbereitung und das Finish haben mir neues Selbstvertrauen gegeben und mir geholfen, diese Phase erfolgreich zu bewältigen. Diese Erfahrung werde ich immer als tieferen Sinn mit meinem ersten Ironman in Verbindung bringen. Ähnlich ging es Torsten, für den der Weg zur Challenge Roth eine Trendwende in seinem beruflichen und privaten Leben einleitete. Extrem ist der Fall von Natascha, die durch ihren ersten Triathlon ein vollkommen neues Selbstwertgefühl gewinnen konnte und mit dem Ironman ihre Bestimmung als Profisportlerin fand.

3 ANERKENNUNG

Anerkennung ist ein grundlegendes menschliches Bedürfnis. In der Maslowschen Bedürfnispyramide kommt der Wunsch nach Anerkennung direkt nach den Bedürfnissen Essen, Trinken, Sicherheit und soziale Beziehungen. Manche Psychologen gehen noch einen Schritt weiter und behaupten, dass das Bedürfnis nach Anerkennung genauso wichtig ist wie physiologische Bedürfnisse. Fest steht, dass Anerkennung in Form eines Lobs oder Lächelns im Gehirn zur Ausschüttung des Botenstoffs Dopamin führt, der Glücksgefühle auslöst. *„Neurobiologische Studien zeigen, dass nichts das Motivationssystem so sehr aktiviert, wie von anderen gesehen und sozial anerkannt zu werden"*, sagt Professor Bauer, der sich viele Jahre mit dem Wunsch nach Anerkennung beschäftigte. Im Gegensatz zum Selbstwertgefühl, das sich jeder selbst zuschreibt, kommt die Anerkennung von außen. Sie wird von anderen zugeschrieben und kann sich auf Einsatz, Ergebnis und Person beziehen. Nehmen wir an, ein Triathlet startet beim Ironman und verausgabt sich bis zum Äußersten, erreicht aber nicht das Ziel. Wird er von Betreuern getröstet und für seinen Einsatz gelobt, dann wird ihm die erste Form der Anerkennung zuteil. Wenn ein Triathlet einen Ironman finisht und dafür Applaus von den Zuschauern sowie eine Medaille vom Veranstalter erhält, dann erfährt er die zweite Form der Anerkennung. Die Wertschätzung einer Person – unabhängig von ihrem gezeigten Einsatz und dem erzielten Ergebnis – gilt als die höchste Form der Anerkennung. Sie begründet sich auf einer inneren Haltung gegenüber dem anderen. Da wir in einer Leistungsgesellschaft leben, werden meist die Ergebnisse in den Vordergrund gestellt, sei es in Medien, Öffentlichkeit, Politik oder Wirtschaft.

ANERKENNUNG IM LAUFE DER ZEIT

Beim ersten Ironman Hawaii im Jahr 1978 hielt sich die Anerkennung für die Athleten noch in Grenzen. Damals gab es nur sehr wenige Zuschauer, die das Rennen verfolgten und den Teilnehmern applaudierten. Für die Finisher gab es einen Sachpreis in Form einer Trophäe. Auch der Erstplatzierte Gordon Haller bekam keine Geldprämie. Er war hocherfreut, als nach dem Rennen ein Artikel mit seinem Bild im „Honolulu Advertiser" erschien, der Tageszeitung von Hawaii. Aus Respekt vor seiner Leistung nannten ihn seine Freunde fortan nicht mehr „Gordon", sondern nur noch den „Ironman". Wenige Jahrzehnte später erhalten die Bestplatzierten beim Ironman Hawaii nicht nur eine ideelle, sondern auch eine hohe materielle Anerkennung in Form von Siegprämien.

Wie bereits erwähnt, entschloss ich mich im Herbst 1998 dazu, an einem Ironman teilzunehmen. Um den Grad der Selbstverpflichtung zu erhöhen, erzählte ich meiner Familie, meinen Freunden und Kollegen von dem Vorhaben. Dafür erntete ich bestenfalls Kopfschütteln, ein müdes Lächeln oder Unverständnis. Die meisten hielten mich schlichtweg für verrückt. Ich denke, diese Reaktionen lassen sich durch zwei Faktoren erklären: Erstens war der Langdistanz-Triathlon in Europa damals noch nicht so bekannt und galt als ein Extremsport, der nur von Leistungssportlern und Profis betrieben wurde. Zweitens war ich damals nicht besonders fit und hatte leichtes Übergewicht. Die Menschen sahen nur, was ist, aber nicht, was sein könnte. Als ich den Ironman dann in passabler Zeit schaffte, erntete ich zwar Respekt, aber insgesamt waren die Reaktionen verhalten, zu weit war der Ironman mit seinen langen Distanzen von der Vorstellungskraft der Menschen entfernt, die Sport lediglich ein bis zwei Mal pro Woche als Ausgleich betrieben.

In den letzten zwei Jahrzehnten sind der Bekanntheitsgrad des Ironman und die Anerkennung für die sportliche Leistung erheblich gestiegen. Um das an einem Beispiel zu illustrieren: Im Dezember 2016 ging ich mit meiner Frau zur Jahresabschlussfeier der „TUM School of Management". Das ist eine schöne Veranstaltung mit einem Empfang und Dinner, zu der alle Professoren bzw. Professorinnen mit Begleitung geladen werden. Traditionsgemäß hält der Dekan eine Rede, in der er das abgelaufene Jahr Revue passieren lässt. In diesem Kontext werden normalerweise herausragende Leistungen in Wissenschaft und Lehre hervorgehoben sowie ein besonderer Einsatz der Mitarbeiter mit einem Preis gewürdigt. Deswegen kam es für mich vollkommen überraschend, als der Dekan auf meine Teilnahme und das Finish beim Ironman Hawaii einging. Er bat mich, kurz aufzustehen, um den Applaus und die Anerkennung der Kollegen entgegenzunehmen. Dieses Ereignis zeigt, wie weit sich der Ironman inzwischen etabliert hat und wie bekannt er geworden ist, wenn selbst Wissenschaftler von ihm Notiz nehmen. Der Triathlon über die Langdistanz ist zwar rein zahlenmäßig eine Nischensportart, aber einem Großteil der Bevölkerung durch das Fernsehen und die deutschen Seriensieger der letzten Jahre bekannt. In den Köpfen hat eine Verschiebung davon stattgefunden, was sportlich möglich ist. Galt früher ein Marathon als ultimatives Ziel einer Ausdauerleistung, so ist es heute der Triathlon über die Langdistanz. Der Ironman ist derart positiv besetzt, dass er auch Karrieremenschen auf den Plan ruft, denen es vor allem um das einmalige Finish einer Langdistanz geht. Getreu dem Motto: Mein Haus, mein Auto, meine Frau, meine Kinder, meine Ironman-Finisher-Medaille.[26]

ANERKENNUNG DURCH LEISTUNG

Generell unterscheidet Sebastian Kienle, einer der bekanntesten deutschen Triathleten und Sieger des Ironman Hawaii 2014, drei Triathlon-Typen:[27] Der erste Typ ist süchtig nach dem Sport und kann sich bis zur totalen Erschöpfung verausgaben. Triathleten, die dieser Gruppe angehören, haben eine grundsätzliche Tendenz zu Suchtverhalten und hätten ohne den Sport wohl andere Abhängigkeiten. Ein Beispiel ist der Deutsche Andreas Niedrig, der in den 1990er Jahren eine Karriere vom Junkie zu einem der weltbesten Triathleten hinlegte.[28] Ein anderes Beispiel ist der Kanadier Lionel Sanders, der nach einer schwierigen Jugend mit Drogen zu kämpfen hatte, sich 2009 dazu entschloss, sein Leben radikal zu ändern und nun seit Jahren zur Weltspitze im Ironman-Circuit gehört, auch wenn er Hawaii bisher nicht gewinnen konnte. Der zweite Sportler-Typ ist hyperaktiv und liebt die Bewegung. Sebastian Kienle zählt sich selbst zu dieser Gruppe. Der dritte Typ sucht nach Anerkennung. Er will als Sieger auf der Bühne stehen und das Bad in der Menge genießen. Kein Spitzensportler auf höchstem Niveau ist vollkommen frei von diesem Streben. Am Anfang seiner Karriere war das auch für Jan Frodeno ein zentrales Motiv, das sich im Laufe der Zeit aber gewandelt hat, wie er erzählt:

„Früher habe ich das alles nur wegen der Anerkennung gemacht. Ich wollte einfach nur, dass mir jemand auf die Schulter klopft und mir sagt, wie toll ich bin. Und irgendwann denkst du, okay, das ist doch nicht genau das, was du wolltest. Und machst dich frei davon."

Dieses Zitat verdeutlicht auch den Zusammenhang von Selbstwertgefühl und Anerkennung. Wenn jemand ein sehr geringes Selbstwertgefühl hat, giert er regelrecht nach externer Anerkennung. Steigert sich das Selbstwertgefühl, dann macht er sich freier von der Anerkennung, die von außen kommt.

Florian ist ein Triathlet, der zwischen Typ zwei (Hyperaktiv) und Typ drei (Anerkennung) einzuordnen ist, wobei in seinem Fall beides zusammenhängt. Als Kind hatte Florian eine angeborene Hüftgelenksverrenkung, einen Klumpfuß, einen Schiefhals und ADHS. In jungen Jahren war nicht klar, ob er jemals normal laufen könne. Durch viel Physiotherapie und Training konnten die körperlichen Probleme behoben werden, doch die Hyperaktivität blieb. Er war ein aufgedrehtes Kind, das in der Schule den Unterricht störte und keinen Anschluss fand. Aufgrund seiner temperamentvollen Art versagten ihm die anderen Kinder die Anerkennung. Er fühlte sich wie ein Außenseiter. Durch den Sport versuchte er, seine Energie zu kanalisieren und Freunde zu finden. Mit zehn Jahren fing er an, Handball zu spielen, ein sehr laufintensiver und körperbetonter Sport. Dabei kam es bei einem Handballturnier zu einem Schlüsselerlebnis, als seine Mannschaft schier aussichtslos zurücklag, weil die Nummer eins im Tor einen besonders schwarzen Tag erwischt hatte. So kam Florian als Ersatztorwart ins Spiel, und durch seine Paraden konnte seine Mannschaft wider Erwarten doch noch siegen. Anschließend wurde er von allen als Held gefeiert. Das zeigte ihm: *„Durch den Sport kann ich mir Anerkennung erarbeiten."* Diese Erkenntnis hatte einen großen Einfluss auf sein weiteres Leben.

Als Florian im Alter von 18 Jahren mit Triathlon anfing, war er sehr ambitioniert. Er trainierte regelmäßig und entwickelte sich innerhalb weniger Jahre zu einem Leistungssportler, der auf der 70.3-Distanz zu den besten seiner Altersklasse gehörte. Tiefenpsychologisch betrachtet, versuchte er, sich durch Ehrgeiz, Einsatz und Erfolge im Sport Anerkennung und Wertschätzung zu erarbeiten. Bei seinem Langdistanz-Debüt in Florida 2015 erreichte er die Top 5, womit er sich für Hawaii qualifizierte. Im Sommer 2016 wurde er bei den

Amateuren Europameister beim Ironman 70.3 in Wiesbaden, im Herbst desselben Jahres erfüllte er sich einen Lebenstraum und finishte beim Ironman Hawaii. Auf diesem Weg bekam er viel Anerkennung, nicht nur innerhalb, sondern auch außerhalb der Triathlon-Gemeinschaft. Über ihn wurden zahlreiche Artikel veröffentlicht, und er wurde in seiner Heimatstadt dreimal zum „Sportler des Jahres" gekürt.

Nach seiner aktiven Karriere als Triathlet schrieb er ein Buch mit dem Titel „Stärke".[29] Am Beispiel seines eigenen Lebensweges zeigt Florian auf, wie jeder sein eigenes Potential entwickeln und nutzen kann. Das Buch war für ihn der Ausgangspunkt einer Tätigkeit als Redner, der andere inspirieren und motivieren will. In dieser Rolle steht er auf der Bühne und im Mittelpunkt. Wenn der Vortrag gut läuft und er sein Publikum erreicht, erhält er ideelle Anerkennung in Form von Applaus, Lob und positivem Feedback. Die materielle Anerkennung besteht aus einem Honorar.

Florian als Motivationsredner

Zur Erkenntnis, dass sich nicht alles durch Leistung erreichen lässt, gelangte er, als seine Beziehung in die Brüche ging. Er fragte sich: *„Warum? Weshalb ist die Beziehung auseinander gegangen?"* Dabei stellte er fest:

„Meine Freundin hat mich angenommen, wie ich bin, ohne dass ich dafür etwas tun musste. Ihr war es egal, ob ich irgendwann einmal Europameister geworden bin. Das habe ich zunächst nicht verstanden."

Erst später erkannte er:

„Du kannst dir viele Dinge erkämpfen, aber du kannst dir keine Liebe erarbeiten. Das war ich nicht gewohnt, denn vieles in meinem Leben habe ich mit Arbeit, Disziplin und Kampf erreicht, aber nicht dadurch, dass ich einfach nur ich selbst bin."

Die Anerkennung sportlicher Leistungen und die Anerkennung als Mensch sind zwei unterschiedliche Dinge. Der Profi-Triathlet und zweimalige Ironman Hawaii Sieger Patrick unterscheidet hier zwischen *„sportlicher Anerkennung"* und *„sozialer Anerkennung"*. Erstere Form heißt, dass jemand für seine sportlichen Leistungen, zum Beispiel in einem Wettkampf, Anerkennung bekommt und gleichzeitig die Leistungen seiner Konkurrenten anerkennt. Die Anerkennung als Person wiederum bezieht sich darauf, wie jemand von seinen Freunden oder seiner Familie wertgeschätzt wird.

ANERKENNUNG ALS PROFI-TRIATHLETIN UND MUTTER

Ebenso wie Patrick ist auch Daniela eine Profisportlerin, die mit dem Sport ihren Lebensunterhalt verdient. Durch ihren Vater kam Daniela bereits früh zum Schwimmen und zum Triathlon. Sie war sehr sportlich und leistungsorientiert. Mit 13 Jahren wurde sie in den Kader des Hessischen Triathlon Verbandes berufen und gewann reihenweise Rennen über kurze Distanzen. Nach dem Abitur ging sie für ein „Work & Travel" nach Neuseeland und Australien, wo sie auch im Triathlon-Mekka Noosa Halt machte. Motiviert durch das dortige Umfeld und gute Trainingsleistungen, erwarb sie eine Profilizenz und gab 2009 beim Ironman 70.3 im mexikanischen Cancún ihr Debüt über die Mitteldistanz. Dort wurde sie auf Anhieb Zweite, was sie darin bestärkte, ihr Hobby zum Beruf zu machen. Als sie 2011 im Alter von 23 Jahren ein Baby bekam, hätten sich wahrscheinlich die meisten Frauen von ihrem Traum als Profi-Triathletin verabschiedet. Nicht jedoch Daniela. Wenige Monate nach der Geburt fing sie wieder mit einem strukturierten Training an und startete 2012 richtig durch. Aufgrund ihrer Leistungen schaffte sie den Sprung in das Profiteam von „Erdinger Alkoholfrei", dem sie seither angehört. Im Jahr 2015 gewann sie ihren ersten Ironman auf Mallorca. Da war ihr Sohn Marlon gerade einmal vier Jahre alt. Es folgten Siege beim Ironman Hamburg, der Challenge Roth und beim Ironman Italien. Trotz der erfolgreichen Karriere hatte sie lange Zeit Probleme, als Profisportlerin innerhalb und außerhalb der Triathlon-Gemeinschaft anerkannt zu werden. Sie wurde häufig angesprochen und gefragt:

„Du bist Mutter und machst Triathlon. Das ist schön und gut, aber welche Ausbildung hast du gemacht? In welchem Beruf arbeitest du?"

Generell gibt es in Deutschland sehr wenige Triathleten, die von ihrem Sport gut leben können. Patrick Lange, Jan Frodeno und Sebastian Kienle zählen zu den Stars, die durch ihre Siegprämien und Sponsoren ein finanziell abgesichertes Leben führen können. Im letzten Jahr ist Anne Haug als erste deutsche Hawaii-Siegerin zu diesem Kreis hinzugekommen. Ansonsten ist es sehr schwer, mit Triathlon seinen Lebensunterhalt zu verdienen, da es sich nach wie vor um eine Randsportart handelt. Das gilt insbesondere für Frauen, die weniger im Rampenlicht stehen als die Männer, selbst wenn sich das zu ändern scheint. Daniela gehört weltweit zu den wenigen Frauen, die nicht nur Profi-Triathletin, sondern auch Mutter sind.

Anja Beranek aus Deutschland, Michelle Vesterby aus Dänemark und Mirinda Carfrae aus Australien gehören zu dem kleinen Kreis der aktiven Triathletinnen, die sich nicht für Karriere *oder* Mutterschaft entschieden haben, sondern beides miteinander verbinden. Auf ihrer Website stellt Daniela die „Fakten" zu ihrer Person und Karriere zusammen:

"18 years in business, 100 % Passion, 100 % Fairness, 4 Wins on Long Distance, 1 Goal: To be myself, 1 Proud Mom."

18 Jahre im Triathlonsport. 100 % Leidenschaft, 100 % Fairness, 4 Siege über die Langdistanz, 1 Ziel: Ich selbst zu sein, 1 stolze Mutter. Dazu führt sie aus:

Daniela mit ihrem Sohn Marlon auf Hawaii

"Neben meiner Leidenschaft und Hingabe zum Sport vergesse ich nie die anderen Dinge, die mich stark machen: Mutter sein, meine Freunde und ein Umfeld zu haben, das hinter mir steht."[30]

Durch den Wandel der Werte erfahren Frauen wie Daniela zunehmend Anerkennung in der Gesellschaft. Sie sind ein Vorbild für Frauen, die auch nach der Geburt ihrer Kinder sportlich aktiv bleiben, ihre eigenen Wünsche verfolgen und ihren Traum leben möchten, sei es, einen Ironman zu schaffen oder ein anderes großes Ziel im Leben, selbst wenn das nicht leicht fällt und man dafür seine Komfortzone verlassen muss.[31]

ANERKENNUNG ALS VORBILD

Michael arbeitet als SAP-Manager in Shanghai. Er kam über das Laufen und Radfahren zum Triathlon. Seinen ersten Ironman finishte er 2017 in Cairns (Australien). Im Vorfeld ging es ihm darum, sich selbst herauszufordern und weniger um die Anerkennung anderer. Deshalb erzählte er zunächst nur seiner Frau und seinem unmittelbaren Freundeskreis von seinem „verrückten Vorhaben". Selbst seine Familie in Deutschland wusste nichts davon. Im Nachhinein erfuhr er jedoch hohe Anerkennung dafür, die teilweise vollkommen unerwartet kam. Zum Beispiel von Joanne, einer jungen chinesischen Mitarbeiterin, die ihn im Sommer 2017 auf dem SAP-Campus ansprach und fragte, warum er morgens mit dem Fahrrad statt mit dem Auto zur Arbeit komme und mittags so häufig laufen gehe? Er erzählte ihr vom Ironman, der ihr zunächst kein Begriff war, aber höchste Bewunderung auslöste. Joanne ist Läuferin, die sich zwei Jahre zuvor der SAP-Laufgruppe angeschlossen hatte. Am Anfang ging ihr Ziel nicht über fünf Kilometer hinaus. Als sie 2016 am Shanghai Halbmarathon teilnahm und ihn auch erfolgreich bewältigte, war das für sie das absolute Limit. Ein Marathon über die volle Distanz war jenseits ihrer Vorstellungskraft. Die Begegnung und das Gespräch mit Michael inspirierten sie jedoch, sich an das Unmögliche zu wagen, so dass sie sich noch am selben Tag für den Shanghai International Marathon anmeldete. Für die Vorbereitung blieben ihr gerade mal drei Monate.

Am nächsten Tag verkündete sie Michael stolz die Neuigkeit und fragte ihn, ob er ihr als Ironman und Experte in Sachen Ausdauersport auf dem Weg zum Marathon helfen könne. Er fühlte sich geehrt, aber nach seiner Einschätzung war die Vorbereitungszeit zu kurz bemessen. Trotz seiner Bedenken ließ sich Joanne nicht von ihrem Vorhaben abbringen, so dass ihm nichts anderes übrigblieb, als sie mit Trainingstipps zu unterstützen – immerhin hatte er sie mit seiner Geschichte vom Ironman sozusagen dazu angestiftet. Am 12. November 2017 nahmen sie schließlich gemeinsam am Shanghai Marathon teil, und Joanne finishte ihn in 4:30 Stunden. Das erfüllte nicht nur Joanne selbst, sondern auch Michael mit Freude und Stolz:

„Wenn ich die Finish Line überquere, dann fühlt sich das gut an, aber wenn ich sehe, wie andere das Ziel erreichen, ist das fast noch befriedigender. Das Schöne an der Geschichte war, dass die Anerkennung vollkommen unerwartet kam und sie mich zum Vorbild für ihre eigenen Träume gemacht hat. Das hat mich sehr berührt."

ANERKENNUNG UND ERMUTIGUNG DURCH SOZIALE MEDIEN

Nicht nur in der realen, sondern auch in der Online-Welt gibt es verschiedene Formen der Anerkennung. Die sozialen Netzwerke leben davon, sonst wären Facebook und Instagram mit Milliarden Nutzern nicht so weit verbreitet. In der digitalen Welt zeigt sich Anerkennung in Form von Bestätigungen, Kommentaren und Followern. Das Prinzip ist immer dasselbe, selbst wenn sich die jeweilige Form leicht unterscheidet: „Likes" bei Facebook, „Herzchen" bei Instagram oder „Kudos" bei Strava signalisieren die Zustimmung des Betrachters. Je höher die Anzahl der Bestätigungen, Kommentare und Follower, desto höher ist die wahrgenommene Anerkennung für den jeweiligen Nutzer.

Din ist auf mehreren sozialen Netzwerken wie Facebook, Instagram und Twitter vertreten. Schon während ihres Magisterstudiums an der FU Berlin setzte sie sich intensiv mit Online-Medien und sozialen Netzwerken auseinander. Seit 2007 ist sie als Marketingmanagerin bei einem Kosmetikunternehmen tätig, das schwerpunktmäßig auf soziale Medien setzt. Privat betreibt Din seit ihrer Jugend regelmäßig Sport. Sie ist vom Laufen zum Triathlon gekommen und absolvierte 2010 ihre erste Kurzdistanz beim BerlinMan, der ältesten und größten Triathlon-Veranstaltung im Berliner Raum. Parallel dazu lancierte sie ihren privaten Blog „Eiswürfel im Schuh".[32] Der Name rührt von einem langen Lauf im Hochsommer, bei dem ihre Füße so heiß wurden, dass sie diese in einem

Fußbad voller Eiswürfel abkühlte. Der Wettkampfbericht *„BerlinMan geschafft"* war der Auftakt für eine Vielzahl von Beiträgen, die in den kommenden Jahren folgten. Damit ist sie die erste und einzige Bloggerin in Deutschland, wenn nicht sogar der Welt, die Triathlon nicht nur aktiv betreibt, sondern seit zehn Jahren auch regelmäßig darüber berichtet.

Neben den Wettkampfberichten schreibt sie interessante Geschichten rund um den Triathlon, macht regelmäßig Produkttests und behandelt Themen wie Ernährung, Gesundheit und Yoga. Der Blog besticht durch die Vielfalt der Beiträge und die schönen Fotos, die ihr Mann, ein Sportfotograf, aufnimmt. In ihrem Blog vermittelt Din ihre Leidenschaft für den Triathlon und informiert und inspiriert damit andere. Din hat tausende Follower und Leser, die ihre Berichte mit Interesse verfolgen, Kommentare schreiben und sich mit ihr austauschen. Darüber hinaus wird sie zu Interviews und Veranstaltungen rund um den Triathlonsport eingeladen.

Din als Triathlon-Bloggerin

Ihre Anhängerschaft hat einen wesentlichen Teil dazu beigetragen, dass Din ihren Traum vom Ironman verwirklichte – einen Wunsch, den sie insgeheim seit den 1990er Jahren hegte, als sie erstmals die Bilder aus Hawaii im Fernsehen sah. Nach dem ersten Sprinttriathlon folgte eine Reihe von Triathlons über die Olympische und die Mitteldistanz. Mehr traute sie sich aufgrund ihrer gesundheitlichen Probleme mit Asthma und Heuschnupfen zunächst nicht zu. Sie hatte sich in ihrer eigenen Komfortzone eingerichtet:

„Nach meinem Neustart fühlte ich mich auf der Mitteldistanz vier Jahre lang ziemlich wohl. Ich würde sogar sagen, ich hatte es mir ganz schön gemütlich gemacht. Ich suchte zwar nach neuen Herausforderungen, wie der Challenge Fuerteventura, die mit ordentlich Höhenmetern, noch mehr Wind und Hitze protzte, doch meine Komfortzone war riesig, und in ihr blieb ich. Ich konnte mir kaum vorstellen, wie man einen Ironman schaffen kann."

Erst durch die Anerkennung und Ermunterung, die sie aus ihrem unmittelbaren Freundeskreis und in den sozialen Medien erfuhr, fand sie den Mut, ihre Komfortzone zu verlassen und sich zu ihrer ersten Langdistanz anzumelden. Rückblickend schreibt sie zur Rolle der Gemeinschaft:

„Ich habe auf meiner Website durch Kommentare, per E-Mails oder über Nachrichten auf den sozialen Kanälen von Geschichten erfahren, die mich tief bewegten. Ja, sie haben mich sogar motiviert, in schwierigen Zeiten weiterzumachen. Tatsächlich habe ich auch nur so den Weg zu meinem ersten und zweiten Ironman gefunden. Ohne diese Gemeinschaft unter Sportbloggern und auf den sozialen Kanälen hätte ich das Projekt Ironman vielleicht niemals in Angriff genommen, oder es hätte sehr viel länger gedauert."

Die Beispiele und die Geschichten aus diesem Kapitel zeigen, dass sich das Streben nach Anerkennung auf verschiedene Weise äußern und eine wichtige Rolle für die Teilnahme an einer Langdistanz spielen kann. Anerkennung ist ein grundlegendes menschliches Bedürfnis, das sich auch evolutionsbiologisch erklären lässt: Um Babys großzuziehen, sich gegenseitig zu beschützen und gemeinsam Jagd auf Tiere zu machen, war die soziale Gruppe unerlässlich. Insofern war es für den Einzelnen überlebenswichtig, von den anderen anerkannt und angenommen zu werden.[33] Das Ausmaß und die Art der Anerkennung, die wir anstreben, ist sehr stark durch unsere Kindheitserfahrungen geprägt. Manche werden vor allem für

Leistungen belohnt, andere für ihr Aussehen oder dass sie sich um ihre Mitmenschen kümmern. *„Je nachdem, was wir erfahren haben, konzentrieren wir uns bei der Suche nach Bestätigung auf einzelne Bereiche wie Karriere, Beziehungen oder Attraktivität"*, erklärt Astrid Schütz, Professorin für Persönlichkeitspsychologie an der Universität Bamberg. Ob wir jedoch wirklich zufrieden sind, hängt nicht nur von einer erfolgreichen Karriere, guten sozialen Beziehungen und einem attraktiven Aussehen ab, sondern auch von unserer inneren Haltung. Nur wenn wir uns selbst anerkennen und ein gesundes Selbstwertgefühl entwickeln, können wir die Anerkennung von außen akzeptieren. Insofern besteht eine Wechselbeziehung zwischen der Anerkennung und dem Selbstwertgefühl (wie in Kapitel 2 beschrieben). Je niedriger das eigene Selbstwertgefühl, desto mehr lechzt man nach der Anerkennung von außen. Umgekehrt gilt: Je höher das eigene Selbstwertgefühl, desto mehr kann man sich von der Anerkennung ein Stück lossagen.

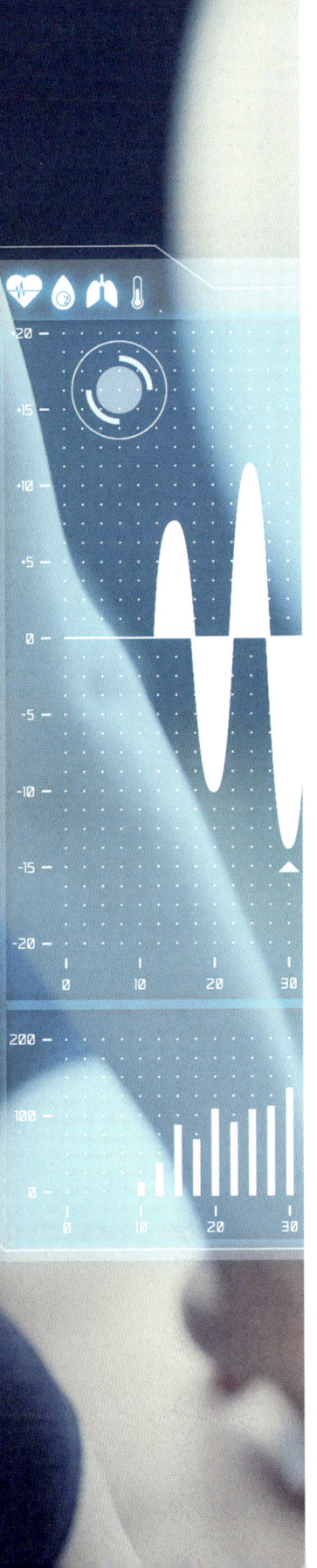

4 SELBSTOPTIMIERUNG

STOA UND SMARTWATCHES

Für viele Triathleten, egal ob Amateure oder Profis, ist der Ironman ein Projekt in Sachen Selbstoptimierung. Das ist kein neues Phänomen der modernen Gesellschaft im 21. Jahrhundert, da die Philosophie der Stoa bereits im antiken Griechenland das Streben nach Selbstvervollkommnung lehrte.[34] Die stoische Philosophie geht von einem größeren Kosmos aus, in dem alles mit allem verbunden ist. Der Mensch ist Teil dieses Kosmos und mit Vernunft ausgestattet. Um seinen Platz im Kosmos zu finden und ein glückliches Leben zu führen, ist es demnach wichtig, vernünftig und tugendhaft zu sein, anstatt sich Gefühlen und Launen hinzugeben. Der Weg zu innerer Ruhe und Gelassenheit setzt einen Prozess der Selbsterkenntnis und der ständigen Selbstformung voraus. Diese Philosophie geht auf Zenon von Kition zurück, einen griechischen Philosophen, der um 300 vor Christus lebte und als Begründer der Stoa gilt. Diese Philosophie hatte großen Einfluss auf die abendländische Kultur. Einer der bekanntesten Vertreter dieser Weltanschauung war der römische Kaiser Marc Aurel, der seine Gedanken in Form von „Selbstbetrachtungen" festhielt.[35] Im Gegensatz zur Antike spielte die Selbstoptimierung im christlich geprägten Mittelalter keine Rolle. Erst in der Neuzeit änderte sich dies entscheidend. Die Aufklärung legte den Fokus auf das einzelne Individuum, Religionsfreiheit, rationales Denken und wissenschaftlichen Fortschritt.

Die Französische Revolution führte zu tiefgreifenden Veränderungen in ganz Europa.[36] Im Jahr 1789 verkündete die französische Nationalversammlung die Menschen- und Bürgerrechte, die Rechte auf Freiheit, Gleichheit, Eigentum, Sicherheit und Widerstand gegen Unterdrücker festlegten und damit das moderne Demokratieverständnis prägten. Kulturell führte die Französische Revolution zur weitgehenden Trennung von Staat und Religion. Wirtschaftlich wurden die ständischen Privilegien abgeschafft. Stattdessen wurde Unternehmensfreiheit und Leistungsprinzip gefördert. Die Kombination von freier Wissenschaft, Demokratie und Kapitalismus führte innerhalb von gut 200 Jahren zu grundlegenden Veränderungen für den einzelnen Menschen. Im 21. Jahrhundert leben wir in Europa in einer historisch einmaligen Situation. Nie zuvor in der gesamten Geschichte der Menschheit lebte eine solch große Anzahl an Menschen in so guten materiellen Verhältnissen. Lebensmittel sind reichlich vorhanden, die medizinische Grundversorgung ist sichergestellt, und die Grundausbildung wird vom Staat frei zur Verfügung gestellt. Losgelöst von den Fesseln der Religion, der Familie, der Herkunft und dem Geschlecht stehen dem einzelnen Individuum theoretisch alle Wege offen. Das macht den Weg frei für die Selbstbestimmung und die Selbstoptimierung des Einzelnen, die durch die digitale Revolution noch verstärkt wird, angefangen mit Computern bis hin zu Smartwatches.

Die Psychologin Dr. Judith Braun beschäftigt sich in ihrem Blog intensiv mit dem Phänomen der Selbstoptimierung in der modernen Gesellschaft.[37] Sie definiert Selbstoptimierung als:

> „… den Prozess, sich einem Zielzustand anzunähern, indem das zu verbessernde Verhalten in regelmäßigen Abständen erfasst wird, um Fortschritt oder Rückschritt zu messen, und das dann entsprechend angepasst wird. Unterstützt wird dieser Prozess häufig durch technische Hilfsmittel in Form von Apps, Fitnesstrackern und Smartwatches."[38]

Selbstoptimierung findet vor allem in den Lebensbereichen Gesundheit, Sport, Ernährung und Beruf statt. Gemäß der Definition handelt es sich bei Selbstoptimierung um keinen Zustand, sondern um einen *Prozess*, der länger andauern kann. So bereitete sich beispielsweise Torsten über Jahre hinweg von einem Sprinttriathlon über die Olympische Distanz und Halbdistanz auf seinen ersten Ironman vor. Natascha Badmann bekam von ihrem Partner und Trainer

Toni Hasler immer einen Fünf-Jahres-Plan, mit dem sie sich allmählich steigerte und der sie vor dem Fehler bewahrte, zu viel zu trainieren und sich dadurch zu überlasten. Im Gegensatz zu anderen Sportarten werden die besten Leistungen auf der Langdistanz erst im Alter ab 30 Jahre erreicht. Offenbar braucht es einen bestimmten Reifeprozess im Körper, aber auch im Kopf, um solche Spitzenleistungen abrufen zu können. Der *Zielzustand* ist beim Ironman relativ klar definiert und für alle gut sichtbar: das Überqueren der Ziellinie innerhalb einer bestimmten Zeitvorgabe. Während ein Triathlon-Rookie zunächst einmal daran interessiert ist, überhaupt ins Ziel zu kommen, streben leistungsorientierte Athleten einen Platz in den vorderen Rängen ihrer Altersklasse an, um sich möglicherweise für Hawaii zu qualifizieren. Das *verbessernde Verhalten* bezieht sich logischerweise auf die drei Sportarten des Triathlons, d.h. Schwimmen, Radfahren und Laufen. Jede für sich ist bereits herausfordernd, beansprucht unterschiedliche Muskelpartien und setzt andere koordinative Fähigkeiten voraus. Neben Ausdauer und Kraft spielen dabei auch Motorik und Technik eine wichtige Rolle. Fortschritt oder Rückschritt können beim Triathlon auch relativ einfach durch die Zeit für eine bestimmte Distanz *regelmäßig erfasst* und *gemessen* werden. Grundsätzlich ist der Prozess der Selbstoptimierung ergebnisoffen. Selbst wenn beim Ironman ein *Fortschritt* in körperlicher Fitness angestrebt wird, schließt das einen *Rückschritt* nicht aus. Ein Beispiel dafür ist Übertraining, was zu schlechtem Schlaf, mangelnder Regeneration und Leistungseinbußen führt. Im schlimmsten Fall kann es sogar zu einer Verletzung kommen. So erlitt beispielsweise Jan Frodeno 2018 in Topform eine Stressfraktur im Bereich der Hüfte, was ihn die Teilnahme an der Weltmeisterschaft kostete. Eine solche Stressfraktur wird passenderweise auch Ermüdungsbruch genannt.

Zu den wichtigsten *technischen Hilfsmitteln* im Triathlon zählen multifunktionale Sportuhren, die mit GPS ausgestattet sind und nicht nur die Herzfrequenz, sondern auch Streckenverlauf, Distanz, Geschwindigkeit, Schrittfrequenz usw. messen können. Alle Daten können mittels Apps einfach und bequem auf digitale Plattformen wie z.B. Trainingspeaks, Xhale oder Strava hochgeladen werden. Dadurch ergeben sich viele Möglichkeiten der Trainingssteuerung und -kontrolle. Neben dem Training in Eigenregie können sich Amateure individualisierte, dynamische Trainingspläne über intelligente Algorithmen anfertigen lassen oder einen Coach engagieren, der das Training persönlich oder auch online aus der Ferne nach bestimmten Vorgaben leitet und wochenweise anpasst. Darüber hinaus spielt natürlich das Material, allen voran das Rad, eine große Rolle bei der

Selbstoptimierung. Waren Rennräder früher noch aus Stahl oder Aluminium gefertigt und mit einem Triathlonlenker als Aufsatz ausgestattet, bestehen die Topmodelle der Zeitfahrräder heute aus einem aerodynamischen und leichten Monocoque-Carbonrahmen inklusive entsprechenden Laufrädern. Der Kaufpreis für diese technischen Hilfsmittel kann sich ohne Weiteres im fünfstelligen Bereich bewegen.

Auf der Suche nach einem tieferen Sinn im Ironman lassen sich zwei unterschiedliche Formen der Selbstoptimierung ausmachen: Die erste bezieht sich auf die Selbstoptimierung im Rahmen des Ausdauersports. Es geht darum, sich kontinuierlich in den drei Einzeldisziplinen zu verbessern („Selbstoptimierung 1.0"). Die zweite Form geht über den Ausdauersport hinaus – es ist die perfekte Organisation und Vereinbarkeit von Sport, Beruf und Partnerschaft („Selbstoptimierung 2.0").

SELBSTOPTIMIERUNG 1.0

Florian studierte Fitnessökonomie an der Deutschen Hochschule für Prävention und Gesundheitsmanagement. In seiner Freizeit widmete er sich voll und ganz dem Triathlon. Er trainierte wöchentlich etwa 20 Stunden. Sein durchschnittliches Wochenpensum betrug 15 Kilometer Schwimmen, 300 bis 400 Kilometer Radfahren und 40 bis 45 Kilometer Laufen. Da blieb nur noch wenig Zeit für die anderen Freuden des Lebens. Florian war sehr stark auf Erfolg programmiert:

„Sport war für mich immer alles. 110 % Fokus. Keine Freunde. Kein Ausgehen. Kein Alkohol. Von früh bis spät alles auf den Sport und Erfolg ausgerichtet."[39]

Im Training war er sehr fokussiert und hielt sich genau an Herzfrequenz-Vorgaben und Pläne. Wenn eine Radeinheit von 100 Kilometern vorgesehen war und er nur 99,8 Kilometer auf dem Tacho hatte, fuhr er noch zweimal ums Haus, um die Anforderungen zu erfüllen. *„Ich war sehr verbissen"*, sagt er im Nachhinein. Das zeigte sich auch in den Trainingscamps, die er meistens allein absolvierte. Besonders in Erinnerung blieben ihm zwei Wochen am Gardasee. Er hatte ein schönes Apartment in den Weinbergen gemietet, war aber sehr isoliert und abgeschieden. In den 14 Tagen seines Trainingslagers hatte er keine sozialen Kontakte, was ihn auf Dauer belastete. Um wenigstens ein bisschen Ansprache zu haben, schaltete er den Fernseher ein und schaute sich im Bayerischen Rundfunk Bilder und Wettervorhersagen aus seiner Heimat an.

Neben der körperlichen Fitness arbeitete Florian mit einem Sportpsychologen im mentalen Bereich und optimierte zudem sein Material. Zugleich gewann er einen Sponsor, der ihm ein maßgeschneidertes, aerodynamisches Rad zur Verfügung stellte. Auf die hohen Erwartungen, die er an sich selbst stellte, folgten teilweise bittere Enttäuschungen, doch er blieb sich und seinem Weg treu. Erst, als sich die Konzentration mit einer gewissen Lockerheit paarte, erzielte er seinen größten sportlichen Erfolg: Beim Ironman 70.3 Wiesbaden erntete er 2016 die Früchte seines jahrelangen Trainings. Mit einer Zeit von 4:22 Stunden wurde er Europameister bei den Amateuren über die Mitteldistanz.

Als Triathlon-Profi, der von seinem Sport lebt, spricht Sebastian Kienle auch von der richtigen Balance zwischen Fokussierung und Lockerheit:

> *„Ich glaube, wenn man etwas zu arg will, dann frisst es einen auf. Ich sehe das bei vielen Athleten, die mehr Talent haben als ich, die härter trainieren, aber die es trotzdem nicht schaffen. Mein Ziel ist es, immer mit 95 % körperlicher und 110 % mentaler Form an den Start zu gehen."*[40]

Zweifelsohne trainiert Sebastian Kienle viel, aber er ist kein Trainingsweltmeister und reizt seine körperliche Belastbarkeit nicht zu 100 % aus. Stattdessen reserviert er 5 % für Lockerheit und das normale, schöne Leben, um mental möglichst frisch an den Start zu gehen und im Wettkampf alles ausschöpfen zu können. Interessanterweise stammt das Zitat aus einem Interview, das er in den Tagen vor seinem größten sportlichen Erfolg gab: dem Sieg beim Ironman Hawaii 2014.

SELBSTOPTIMIERUNG 2.0

Die meisten Triathleten wollen besser werden, aber die wenigsten sind bereit, alles dafür zu opfern. Sie versuchen, sich selbst im Rahmen ihrer Möglichkeiten zu optimieren. Cynthia drückt es als Triathlon-Rookie wie folgt aus:

> *„Wir als Sportler suchen schon echt nach Perfektion und Selbstoptimierung, aber ich finde, man sollte auch auf dem Boden der Tatsachen bleiben. Man ist ja kein Profi und will irgendetwas gewinnen."*

Eine naheliegende Form der Verbesserung und der Steigerung ist für Triathleten, die Länge der Wettkampfdistanzen zu ändern. Die sportliche Karriere von

Finish und Sieg von Florian beim Ironman 70.3 in Wiesbaden 2016

Din ist ein typisches Beispiel dafür: Sie bestritt 2010 ihren ersten Volkstriathlon über die Sprintdistanz, bevor sie sich für einen Triathlon über die Olympische Distanz anmeldete. In den Folgejahren absolvierte sie mehrere Rennen über die Halbdistanz, bevor sie sich 2016 mit dem Ironman an die ultimative Herausforderung wagte.

Wenn die erste Langdistanz bestritten ist und die zweite ansteht, dann geht es für viele Triathleten häufig darum, sich weiter zu verbessern und eine neue persönliche Bestzeit zu erzielen. Referenz ist dann die eigene Leistung aus der Vergangenheit: *„Beat yesterday!"*, beschreibt Mark, der 2019 seinen ersten Ironman in Frankfurt schaffte und sich mit einem Trainingslager auf Mallorca auf seinen zweiten vorbereitete. Genau auf diese Form der Selbstoptimierung zielt eines der führenden Unternehmen für Sportuhren mit einer interaktiven Social-Media-Kampagne ab. Der Slogan *„#BeatYesterday"* lässt sich weitläufig interpretieren:

> *„#BeatYesterday ist dein Motto, dein Mantra, dein Hashtag, deine tägliche Erinnerung, dein Motivator und dein Weg. #BeatYesterday ist deine Herausforderung, egal, wie fit du bist, wie aktiv, wie sportlich, dich jeden Tag zu verbessern. #BeatYesterday konkurriert mit niemand anderem als mit dir selbst."*[41]

Um sich zu verbessern und sich auf den nächsten Ironman vorzubereiten, trainieren Triathleten in der Regel mehr als zehn Stunden wöchentlich. Bei manchen sind es sogar bis zu 20 Stunden. Um dieses Pensum zu erfüllen, ist es fast unvermeidlich, die Stundenzahl im Job zu reduzieren. Leistungsorientierte Athleten wie Florian gehen diesen Weg und bewegen sich damit im (semi-) professionellen Bereich. Für die meisten Langdistanz-Athleten ist das aber keine Option. Sie stehen mitten im Leben und gehen einer Vollzeitbeschäftigung nach. Gemäß einer Studie der Deutschen Triathlon Union (DTU) weist der typische Triathlet folgende sozioökonomischen Merkmale auf: Er ist meist männlich (70 %), im Schnitt 38 Jahre alt, gut gebildet (75 % mit Abitur und Studium) und in Vollzeit berufstätig (80 %).[42] Viele Triathleten haben anspruchsvolle Jobs als Entscheider oder Führungskräfte.

Ein typisches Beispiel dafür ist Michael, der mit seiner Frau in Shanghai lebt und dort als Direktor für Innovation bei SAP tätig ist. Da er lange Lauf- und Radeinheiten liebt, war der Weg für den Triathlon über die Langdistanz geebnet. Bei der Anmeldung zu seinem ersten Ironman fühlte er sich wie David vor dem Kampf gegen Goliath. Er war von Zweifeln geplagt und überlegte lange:

*„Die schwerste Hürde ist, die Herausforderung anzunehmen, und da bei Er-
wachsenen von der kindlichen Leichtigkeit, Entscheidungen instinktiv zu
treffen, nicht mehr viel übrig ist, geht der Entscheidung ein wochen- und mo-
natelanger kognitiver Prozess voraus, welcher mit weitreichenden Internetre-
cherchen, Selbstzweifeln und nächtelangem Grübeln daherkommt. So habe
ich stundenlang Erfahrungsberichte und YouTube-Videos gesurft, bevor ich
mich überwinden konnte, den „Registrierungsknopf" zu drücken."[43]*

Nachdem er sich für den Ironman Cairns in Queensland (Australien) angemeldet hatte, fing er acht Monate vorher mit systematischem, regelmäßigem
Training an. Während der Woche ging er häufig in der Mittagspause laufen, und
am Wochenende absolvierte er die längeren Radeinheiten. Das Trainingspensum von durchschnittlich 15 Stunden pro Woche erforderte ein extrem gutes
Zeitmanagement:

*„Drei Disziplinen, eine Vollzeitbeschäftigung, familiäre Verpflichtungen und ein
Sozialleben unter einen Hut zu bringen, erfordert nicht nur Planung und strikte
Priorisierung, sondern auch Kreativität. Meetings auf dem Hometrainer, Podcasts im Zug, der Verkauf des Fernsehers und das Löschen von Videogames
sind nur ein kleiner Auszug aus der Trickkiste eines Ironman."[44]*

Trotz guten Zeitmanagements ist die trainingsintensive Vorbereitung
für die Langdistanz eine Belastung für die Familie und birgt einiges an Kon-
fliktpotential. Diesbezüglich hatte vor allem Michael große Bedenken, als er
sich für den ersten Ironman anmeldete. Er befürchtete, dass sich das Fami-
lienleben verändert und das soziale Leben darunter leiden könnte. Da seine
Frau auch berufstätig ist und sie schon vorher wenig Zeit füreinander hatten, würde das Ironman-Training diese Situation noch weiter verschärfen,
dachte er. Interessanterweise waren diese Bedenken unbegründet – denn
genau das Gegenteil war der Fall. Über die Beziehung zu seiner Frau sagt
Michael:

*„Wir haben einen neuen Lebensstil gefunden, der zumindest im Moment für
uns sehr gut passt. Wir nutzen die freie Zeit nun sehr intensiv miteinander.
Vorher verbrachten wir zwar mehr Zeit miteinander, hatten aber auch einfach
nur so zu Hause gesessen, der eine hat dann was gekocht, der andere was
am Laptop gemacht. Letztendlich waren wir zusammen, aber irgendwie auch*

nicht. Das hat sich dramatisch verändert. Zeit wurde während des Ironman-Trainings sehr wertvoll. Wir haben länger darüber nachgedacht, wie wir die gemeinsame Zeit investieren. Sie wurde qualitativ hochwertiger. Ich glaube, in Summe haben wir dadurch gewonnen."

Da die gemeinsam verbrachte Zeit rar wurde, verbrachten sie diese bewusst miteinander statt nebeneinander. Früher schauten sie häufig Netflix-Serien auf dem Sofa und ließen sich leicht ablenken. Nun gehen sie dagegen lieber ins Kino oder mit guten Freunden aus und können die gemeinsamen Erlebnisse in vollen Zügen genießen. Auch alltägliche Dinge bekamen durch die Zeitknappheit eine neue Qualität. So fingen sie zum Beispiel an, gemeinsam einzukaufen, zu kochen und das Essen zu genießen. Dadurch verlief die Vorbereitung auf die Langdistanz relativ reibungslos, und im Jahr 2017 ging Michael beim Ironman Cairns an den Start, der zugleich der erste Triathlon in seinem Leben war. Dabei war für ihn die Finisher-Zeit vollkommen nebensächlich.

Michael mit seiner Frau
vor dem Ironman Europe 2019

Nach der erfolgreichen Langdistanz nahm sich Michael eine kleine Auszeit. Dann meldete er sich für den Ironman Europe 2019 an. Er fragte sich, wie er die Vorbereitung diesmal angehen wolle und wählte einen radikalen neuen Ansatz. Da für ihn das Finish im Vordergrund stand und er sich nicht durch eine bessere Zeit motivieren konnte, versuchte er, die investierte Zeit im Training zu optimieren, das heißt, mit wesentlich weniger Training dasselbe Ziel zu erreichen.

„Beim ersten Ironman trainierte ich im Schnitt 15 Stunden pro Woche. Das Experiment erfolgte nun quasi im Sinne der Selbstoptimierung. Könnte ich Montag bis Freitag trainieren und die Wochenenden komplett freihalten? Denn wenn ich das schöne Hobby aufrechterhalten wollte, dann wäre es klasse, wenn ich an den Wochenenden frei hätte. Dass ich da so wenig Zeit hatte, war einer der Schmerzpunkte, die mir schon ein bisschen weh taten. Das war mein Selbstexperiment."

Es gibt Triathlon-Bücher, die sich gezielt an Berufstätige wenden, und versuchen, die Trainingszeit zu reduzieren und zu optimieren, das heißt, mit weniger Zeit effizient zu trainieren.[45] Für den zweiten Ironman trainierte Michael nur noch sechs bis acht Stunden pro Woche. In seinem Fall funktionierte das Experiment allerdings nicht: Unter extremen Hitzebedingungen musste er das Rennen auf der Marathonstrecke aufgeben. Zu den Erlebnissen, den körperlichen Erfahrungen und der Enttäuschung, aber auch zu den positiven Aspekten verfasste er einen spannenden Rennbericht, den er auf der Website „Medium" veröffentlichte.[46] Ich finde es sehr mutig und authentisch, nicht nur zu seinen Erfolgen, sondern auch zu den Misserfolgen zu stehen, darüber zu schreiben und zu reflektieren. Nach eigenem Bekunden fehlten ihm vor allem die langen Radeinheiten für den Erfolg.

In den Medien wird häufig kritisch über den Trend zur Selbstoptimierung in verschiedenen Lebensbereichen berichtet. Einer der Hauptkritikpunkte lautet, dass Selbstoptimierung egoistisch ist und macht.[47] Selbstoptimierer stehen quasi unter einer Art Generalverdacht: Wer so viel Zeit darauf verwendet, im Sport besser oder schneller zu sein, nimmt sich selbst offenbar sehr wichtig. Folglich hat derjenige wenig Zeit und Interesse für seine Mitmenschen und seine Umwelt. Dabei besteht nach Einschätzung des Schweizer Triathlon-Coaches Roy Hinnen die große Gefahr, sich zu verrennen und in einen Teufelskreis zu geraten.[48] Das Beispiel von Michael zeigt, dass das nicht zwangsläufig der Fall ist. Viele Triathleten streben einen Ausgleich zwischen Familie, Beruf und Training an. Dafür gibt es verschiedene Möglichkeiten: Eine kann sein, dass die Familie während der trainingsintensiven Vorbereitung auf den Ironman zurücksteckt, um danach umso mehr mit Aufmerksamkeit und Liebe bedacht zu werden. Eine andere ist, die knappe Zeit bewusst und intensiv gemeinsam zu verbringen. Wenn sich jemand auf einen Ironman vorbereitet, kann er sich dabei auspowern, Stress abbauen und insgesamt glücklicher und ausgeglichener sein, was sich positiv auf das Zusammenleben auswirkt. Insofern ist Selbstoptimierung im Sport zwar auf das Selbst ausgerichtet und damit eine egozentrische Tätigkeit, die aber nicht unbedingt aus rein egoistischen Motiven heraus erfolgt.

Was sind die tieferen Beweggründe für die Selbstoptimierung? Warum streben viele Triathleten eine stete Verbesserung ihrer körperlichen und mentalen Fitness an? Wie im zweiten Kapitel bereits erörtert, spielt das Selbstwertgefühl eine wichtige Rolle, das heißt, der Wunsch, mit sich selbst als Person zufrieden zu sein und sich den anstehenden Aufgaben gewachsen zu fühlen. Dieses Gefühl ist eng verbunden mit dem Stolz und der Zufriedenheit, die man nach sportlichen Leistungen empfindet, sei es im Training oder im Wettkampf. Das Pendant für das eigene Selbstwertgefühl ist die Anerkennung, die man durch andere erfährt. Im Fall von Florian war es der Beifall der Zuschauer beim Zieleinlauf, der Zuspruch im Familien- und Freundeskreis, die Berichte und die Bilder in der Presse sowie die Ehrung zum „Sportler des Jahres" in Freising. Ein weiterer Grund für die Selbstoptimierung kann der Wunsch nach Kontrolle sein.[49] Die Corona-Pandemie zeigt, wie vernetzt und verwundbar die Menschheit in einer globalisierten Welt ist. In einer unübersichtlichen Situation, die das Individuum nur bedingt beeinflussen und die sich schnell ändern kann, vermittelt ein Selbstoptimierungsprojekt Sicherheit und Struktur. Gerade beim Ironman ist das Ziel klar vorgegeben, und das regelmäßige Training vermittelt den Eindruck, Kontrolle über die Dinge des Lebens zurückzuerlangen. Die Art und Anzahl der wöchentlichen Trainingseinheiten im Schwimmen, Radfahren und Laufen lassen sich vom Einzelnen gut beeinflussen, was ihm das Gefühl gibt, Herr der Lage zu sein. Mir persönlich hat das strukturierte Training im Jahr 2020 nicht nur körperlich, sondern auch mental geholfen, um die innere Ausgeglichenheit und Balance zu wahren.

5 KÖRPER

VERMESSUNG DER WELT

Moderne Sportuhren sind kleine Wunderwerke der Technik. Ausgestattet mit Mikroprozessoren, Sensoren und zahlreichen Softwareapplikationen können sie neben Uhrzeit und Datum nicht nur die Herzfrequenz, sondern auch die Geschwindigkeit und die Distanzen beim Schwimmen, Radfahren und Laufen anzeigen. Je nach Voreinstellung erhält der Athlet zeitnahe Informationen über den aktuellen Schnitt pro Kilometer. In Kombination mit einem Wattmesssystem zeigen sie auch die Trittfrequenz und die Belastungsintensität beim Radfahren und Laufen an. Darüber hinaus erfassen und errechnen Sportuhren Messwerte, die zur Beurteilung der aktuellen körperlichen Fitness und für die Trainingssteuerung hilfreich sind. Wer die Uhr auch nachts trägt, kann Informationen zur Schlafqualität und Regeneration erhalten. Die Geräte der neueren Generation ermöglichen auch die Planung und Navigation von Rad- und Laufstrecken in unbekanntem Terrain. Ähnlich wie bei Navigationsgeräten im Auto, zeigen die Pfeile auf dem Display der Uhr den einprogrammierten Weg an. Kaum ein Triathlet verzichtet auf diese moderne Technologie. Im Jahr 2019 wurden weltweit Millionen multifunktionaler Sportuhren verkauft und Milliardenumsätze generiert. Die Aussichten für führende Anbieter wie Garmin, Suunto und Polar sind rosig. Vor dem Hintergrund des anhaltenden Gesundheits- und Fitnesstrends rechnen sie mit zweistelligen Wachstumsraten in diesem boomenden Marktsegment. Gerade für zahlenbesessene und detailverliebte Ausdauersportler sind diese Uhren ein Spielzeug, das sie nicht mehr missen möchten. Sie laden die Trainingsergebnisse in entsprechenden Softwareapplikationen hoch, beschäftigen sich intensiv mit den Messwerten und den Kurven, vergleichen sie mit der Vergangenheit und prognostizieren Werte für die Zukunft.

UNPLUGGED

Richtig angewendet sind solche Sportuhren zweifelsohne sehr nützlich, aber es besteht auch die Gefahr, sich zu sehr auf die Technologie zu fixieren und darüber hinaus das eigene Körpergefühl zu verlieren. Wer morgens als Erstes auf die Uhr schaut, um seine Schlafqualität zu messen, während des Trainings streng nach Puls trainiert und in regelmäßigen Abständen die Werte auf der Uhr kontrolliert, anstatt in seinen eigenen Körper zu hören und die Erlebnisse in der freien Natur zu genießen, der leidet unter „Fitness Tech Addiction".[50] Wozu eine solche Abhängigkeit von Sportuhren führen kann, weiß Mario Schmidt-Wendling aus seiner Erfahrung als Triathlontrainer zu berichten:

> „Ein Sportler, der vor ein paar Jahren in Roth starten wollte, ein 9:25-Stunden-Kandidat, also schon recht zügig unterwegs, verlor beim Schwimmen seine Garmin Uhr und beendete das Rennen in T1 [Transition 1, Übergang vom Schwimmen zum Radfahren], weil er vollkommen aufgeschmissen war, wie ein kopfloses Huhn durch die Wechselzone lief und gar nichts mehr wusste. Alle Möglichkeiten, sich selbst zu kontrollieren, waren durch den Verlust der Uhr verloren gegangen. Das ist schon ziemlich traurig, wenn es so weit gekommen ist."

Seiner Meinung nach

> „... können Sportuhren das eigene Körpergefühl unterfüttern, aber sie dürfen es auf keinen Fall konterkarieren. Das Körpergefühl ist immer noch das Allerwichtigste!"

Mario weist auf das Wechselspiel von Körpergefühl und Technik hin, was jeder Trainer und Triathlet unterschiedlich sieht und handhabt:

„Es ist die Frage nach dem Huhn und dem Ei. Was war zuerst da? Viele brauchen eben diese Zahlen, damit sie ihr Gefühl einordnen können. Wenn du allerdings kein Körpergefühl hast, dann kannst du auch die Zahlen nicht im Kontext sehen. Das ist eine essentielle, fast trainingsphilosophische Frage! Was war zuerst da? Brauchst du die Zahlen? Brauchst du das Körpergefühl? Was beeinflusst das eine? Was das andere? Das ist echt die ganz entscheidende Frage, und da haben jeder Coach und auch jeder Athlet eine eigene Handschrift, wie er an die Sache herangeht. Ich denke, dass das Körpergefühl immer noch das alles Entscheidende ist."

In ihrem Buch „Unplugged" plädieren die Autoren Brian MacKenzie, Andy Galpin und Phil White dafür, moderne Sportuhren lediglich als Mittel zum Zweck zu verwenden und sich dieser auch mal zu entledigen, um in sich hineinzuhorchen und zu lernen, sich auf das eigene Körpergefühl zu verlassen. Für Patrick spielt das eine wichtige Rolle:

„Ich bin ein Athlet, der sehr viel spürt und der auch in vielerlei Hinsicht sehr sensibel ist. Die ganze Lauftechnikschiene, die ich seit fast zehn Jahren bearbeite, beruht auf Körpergefühl und auf Feedback der Körpersignale. Es ist wie eine große Komposition aufgebaut, so ein Körperorchester."

Für den Körper verwendet er die Metapher eines Orchesters, das aus einer Vielzahl von Musikinstrumenten wie Violinen, Flöten und Pauken besteht. In einem Orchester entsteht erst durch das Zusammenspiel von verschiedenen Streich-, Blas- und Schlaginstrumenten das volle Klang- und Musikerlebnis für den Hörer. Ist ein Instrument aus dem Takt oder spielt einen falschen Ton, beeinflusst es das gesamte Erlebnis. Ähnlich ist es mit dem Körper, der aus verschiedenen Teilen besteht und nur durch das Zusammenspiel dieser Komponenten zu seiner vollen Entfaltung kommen kann.

KÖRPERERLEBEN

Es ist der 31. Juli 2020 um vier Uhr morgens. Ich bin bereits wach und höre in meinen Körper hinein. Ich spüre noch die Anstrengungen des Vortags in den Armen und im Oberkörper, aber das ist normal. Ich war am späten Nachmittag 2,5 Kilometer schwimmen, wobei ich auch Pullbuoy und Paddles benutzt habe. Darüber hinaus spüre ich ein leichtes Stechen im linken Schienbein. Beim Auftreten schmerzt die Innenseite meines Fußes ein bisschen. *Ist es das zunehmende Alter,* *oder sind es die Plattfüße?* Seit meiner Kindheit senken sich die Fußflächen vollständig auf den Boden, anstatt sich zu wölben. Das wirkt sich von den Füßen über die Beine und die Knie bis zum unteren Rückenbereich und Nacken aus. Alle Körperpartien sind in einem langen Strang miteinander verbunden. Schon als kleiner Junge ging ich zur Physiotherapie und trug Einlagen, um die Schieflage auszugleichen. Da ich meine Beinmuskulatur gekräftigt habe und regelmäßig Sport treibe, halten sich die Beschwerden in Grenzen, aber meine Füße sind nach wie vor eine Schwachstelle meines Körpers.

Kurz vor fünf Uhr gebe ich die Hoffnung auf weiteren Schlaf auf und brühe einen frischen Kaffee, um wach zu werden. Jan Frodeno ist in der Triathlon-Szene als Espressotrinker und Kaffeeliebhaber bekannt. Es gibt von ihm sogar eine eigene Kollektion namens „Frodissimo" mit Kaffee und Kleidung. Ich finde die Aufschrift der Frodissimo-Socken originell: Auf der linken Socke steht vorne geschrieben „Achieve your dreams" und auf der rechten „But coffee first". Das zeugt von Witz und einem Hauch Selbstironie. Ich denke mir: *Was gibt es Schöneres, als* *den Tag mit einem guten, frisch aufgebrühten Kaffee zu starten?* Ich genieße den Sonnenaufgang, beantworte meine beruflichen E-Mails und mache mir Gedanken über den weiteren Tagesablauf. Am Nachmittag gebe ich ein Online-Seminar, aber am Vormittag bin ich noch recht flexibel. Gemäß Wettervorhersage soll es mit 33 Grad Celsius sehr heiß werden. Auf meinem Trainingsprogramm steht ein lockerer Lauf über 90 Minuten. *Wie wäre es, wenn ich den Lauf vom Abend in die* *Frühe verlege?* Kurz entschlossen esse ich ein Müsli und ziehe meine Laufsachen an. Bevor ich aufbreche, lockere ich die Wade und die Sehne mit der Faszienrolle. Insbesondere bei bestimmten neuralgischen Punkten tut es im ersten Moment weh, aber mit der Zeit lässt der Schmerz nach, und die Muskeln lockern sich. Eine halbe Stunde später geht es los. Der Körper fühlt sich noch ein bisschen müde an und die Beine ungelenk. Ich laufe durch die menschenleere Stadt in Richtung Isar. Am Fluss beginne ich bei Kilometer 14,4 und laufe von Freising in Richtung München. Es ist eine meiner Lieblingsstrecken, weil der Weg am Wasser entlangführt und es dort dank der hohen Bäume sehr schön und schattig ist. Für die frühe Uhrzeit ist es mit 20 Grad Celsius jedoch schon relativ warm.

Am Anfang gehen mir noch viele Gedanken durch den Kopf. Der Körper ist noch nicht auf Betriebstemperatur, und die Beine laufen noch nicht rund, aber zumindest schmerzt die linke Seite nicht mehr. Nach drei bis vier Kilometern wird der Kopf allmählich leer, die Arme pendeln automatisch hin und her, und die Beine haben ihren Rhythmus gefunden. Ich laufe in meinem Wohlfühltempo im Grundlagenbereich. Ich spüre bewusst, wie meine Füße flexibler geworden sind und besser abrollen. *Liegt es am Fußtraining, das ich auf Anraten meines Trainers Mario seit ein paar Monaten durchführe?* Durch die zahlreichen Übungen habe ich ein vollkommen neues Bewusstsein für das Verhältnis zu meinen Füßen als Wunderwerke der Natur bekommen. Füße tragen uns zwar ein ganzes Leben, aber wir schenken ihnen normalerweise kaum Beachtung. Als Eingangsübung lasse ich meine Füße mehrmals in beide Richtungen kreisen. Eine weitere Übung, die mich viel Geduld gekostet hat, ist, ein Handtuch mit den Zehen zu greifen und aufzuheben. Während es mit der rechten Seite noch ab und zu klappte, wollte es mir mit dem linken Fuß am Anfang trotz Bemühen und höchster Konzentration nicht gelingen. Erst im Laufe der Zeit wurde mein Fuß flexibler und bildeten sich entsprechende Synapsen im Gehirn, die offenbar notwendig sind, um diese „komplexe" Aufgabe zu bewältigen. Mittlerweile kann ich das Handtuch mehrmals hintereinander mit dem rechten und dem linken Fuß aufheben. Man lernt also auch im Alter noch dazu, und die Synapsen im Nervensystem können sich neu bilden.

An diesem Tag kommt im Training alles zusammen. Ich kann laufen, ohne dass ich mich besonders anstrengen muss. Für eine bestimmte Zeit bin ich im Flow, einem angenehmen Zustand, der sich mit Trance vergleichen lässt. Die Kilometer und die Zeit verfliegen, ohne dass ich sie bewusst wahrnehme. Mein Kopf ist vollkommen leer, und ich bin im Hier und Jetzt. Erst nach einer Weile erwache ich wieder aus diesem Zustand. Ich schaue auf meine Uhr und stelle fest, dass ich für den niedrigen Pulsbereich von 125 Schlägen pro Minute relativ schnell unterwegs bin. Bei Achering überquere ich eine kleine Holzbrücke und laufe auf der anderen Isarseite wieder zurück in Richtung Freising. Zu Hause dehne ich mich noch ein bisschen auf der Terrasse und genieße das angenehme Gefühl der Körperzufriedenheit.

„Dieses Gefühl, eine gute Einheit hinter sich gebracht zu haben, ist auch für mich nach wie vor erfüllend und schön",

sagt auch Profi-Triathlet Patrick.

„Das sind die Einheiten, die man liebt, wenn es einen Flow gibt, wenn man nicht ankämpfen muss, wenn man merkt, ich rolle dahin beim Laufen, die Herzfre-

quenz ist nicht so hoch, und ich bin trotzdem schnell. Es ist anstrengungslos, und man ist frei."

Aber natürlich fühlt sich nicht jede Trainingseinheit so an, und es gibt große Unterschiede im Körpererleben, wie der zweifache Ironman Hawaii Sieger ausführt:

„Ich finde, beim Schwimmen zeigen sich Form und Wassergefühl am deutlichsten. Schwimmen kann grandios schön sein, kann sich wie Fliegen im Wasser anfühlen, man kann sich dabei aber auch fühlen wie ein Stein. Da liegen Himmel und Hölle sehr eng beieinander. Das Wasser ist von den Widerstandsverhältnissen das gnadenlos ehrlichste Element. Von daher kann es auch das anstrengendste sein."

Din kombiniert ihre Schwimmeinheiten häufig mit dem Laufen. Sie läuft mit ihrem Rucksack von zu Hause zum Schwimmbad, anstatt das Fahrrad oder Auto zu nehmen. Dadurch hat sie bereits einige Laufkilometer hinter sich, wenn sie ankommt. Anstatt sofort ins Becken zu springen und zu kraulen, nimmt sie sich Zeit, um von einer Sportart zur anderen zu wechseln und sich an das neue Element zu gewöhnen. Durch einen kleinen Tauchgang bekommt sie das Gefühl für das Wasser und ihren Körper:

„Ich höre in mich hinein, wie ich das jetzt alles so finde. Wie meine Stimmung ist. Welche Kraft ich habe. Ob mir kalt oder warm ist. Das habe ich mir vom Yoga abgeschaut. Dort sitzt man in vielen geführten Yogastunden erst einmal einige Minuten auf seiner Matte und kommt an. Lässt mental die Tür des Tages hinter sich zufallen und verbindet sich mit dem Moment. Das ist die sogenannte Zentrierung. Ein Versuch, die innere Mitte zu finden, in sich und seinen Körper hineinzuhören."[51]

Für diesen Tauchgang nimmt sie sich nicht allzu viel Zeit. Meistens sind es nur ein oder zwei Bahnen, auf denen sie im Wasser gleitet, taucht und mit minimalen Bewegungen schwimmt, doch die Wirkung ist groß:

„Im Verlauf der vergangenen Jahre habe ich für mich herausgefunden, dass mein Wassergefühl für das anstehende Training viel besser ist, wenn ich mich etwas einstimme."

Um beim Schwimmen schnell voranzukommen, spielen Wasserlage und Körperspannung eine wichtige Rolle. Wer horizontal im Wasser liegt und gelernt hat, sich lang und schmal zu machen, der gleitet wie ein Fisch durch das Wasser. Dabei kann Yoga sehr hilfreich sein, wie Din in ihrem Blog hervorhebt:

„Körperspannung ist DAS Wort beim Schwimmtraining. Körperspannung lässt sich extrem gut außerhalb des Beckens trainieren. Genauso wie die Flexibilität des Schultergürtels, die Öffnung des Brustkorbes und die Kraft in den Armen. Meiner Erfahrung nach hilft Yoga, um effektiv und mit Freude durch das Wasser zu gleiten und entspannt zu schwimmen."

Die Schwerelosigkeit im Wasser fasziniert Din. Ihrer Meinung nach fühlt es sich wie Fliegen im nassen Element an:

„Wenn du nicht gerade der NASA oder einem anderen Raumfahrtunternehmen angehörst, ist Freiwassertraining mit eine der wenigen Tätigkeiten, die dir ermöglichen, allein, frei zu schweben. Da gibt es nur dich und das Wasser. Hast du schon einmal nach einem intensiven Training auf dem Rücken wie beim Schnee-Engel-Machen im Wasser gelegen und den Himmel angestarrt?"[52]

Nach dem Schwimmen habe ich häufig das Gefühl des „Einsseins", der Verbundenheit meines Körpers mit der Welt. Es ist wie ein unsichtbares Band, das mich mit der Um- und Außenwelt zu einem großen Ganzen verknüpft. Interessanterweise stellt sich das Gefühl bei mir nur beim Schwimmen, nicht aber beim Laufen oder Radfahren ein. Vielleicht ist es das Wasser, das dieses Gefühl hervorruft. Evolutionshistorisch betrachtet, stammt jedes Lebewesen aus dem Wasser. Wasser ist im wahrsten Sinn des Wortes die Quelle allen Lebens. Das gilt nicht nur im evolutionshistorischen, sondern auch im wortwörtlichen Sinn: Der menschliche Körper besteht größtenteils aus Wasser. Bei einem durchschnittlichen Erwachsenen sind es circa 70 %, was etwa 45 Litern Wasser entspricht. Bereits ein geringer Wasserverlust kann Unwohlsein und Schwindelgefühl hervorrufen. *Verbrauchen durchtrainierte Körper weniger Wasser als untrainierte? Können sie besser mit der knappen Ressource umgehen?* Interessanterweise ist genau das Gegenteil der Fall. Durchtrainierte Athleten schwitzen schneller und mehr als weniger trainierte Menschen. Woran liegt das? Die Antwort liegt in der Körperintelligenz und dem Körpergedächtnis. Bei jeder Bewegung produziert der menschliche Körper Wärme. Je länger und intensiver die Bewegung ist, desto mehr Wärme wird im Körper produziert. Wenn sich die Wärme im Körper anstaut, würde die Temperatur steigen, was sich leistungshemmend auswirkt. Jeder, der einmal Fieber hatte, kann das leicht nachvollziehen. Um das zu vermeiden, leitet der Körper die Wärme über die Haut ab. Er schwitzt, um die Körpertemperatur zu regulieren. Bei einem durchtrainierten Athleten weiß der Körper aus Erfahrung, was gleich auf ihn zukommt. Es ist, als habe der Körper ein Gedächtnis. Daher schwitzen durchtrainierte Athleten bei körperlicher Anstrengung schneller und intensiver als weniger trainierte Menschen. Untrainierte produzieren weniger als einen Liter Schweiß pro Stunde, während Trainierte auf bis zu drei Liter pro Stunde kommen können, um den Wasserhaushalt auszugleichen. Bereits ein relativ geringer Verlust im Wasserhaushalt von rund 3 % kann die Körperfunktionen und Leistungsfähigkeit beeinträchtigen. Ohne Wasser gerät jeder schnell an seine Grenzen.

KÖRPERGRENZEN

Viele Triathleten, die die Langdistanz angehen, möchten ihren eigenen Körper unter extremen Belastungen kennenlernen und ihre Grenzen ausloten. Triathlon-Rookie Cynthia ist ein Wettkampftyp. Sie interessiert, was ihr Körper unter Wettkampfbedingungen zu leisten vermag:

„Das fasziniert mich. Was kann der Körper eigentlich leisten? Ich weiß, dass er sehr viel leistet. Die eigenen Körpergrenzen zu testen und mein Ziel zu erreichen, sind ein wichtiger Ansporn für mich. Ich würde den Sport nicht machen, wenn ich keinen Wettkampf hätte."

Richie, der bereits mehrere Wettkämpfe über die Langdistanz bestritten hat und 1997 beim Ironman Hawaii dabei war, sagt:

„Wenn du im Wettkampf Erfolg haben möchtest und entsprechend intensiv dafür trainierst, dann lernst du deinen Körper erst richtig kennen. Es gibt Erlebnisse, bei denen du den totalen Einbruch hast. Du fährst auf dem Rad einen Berg hoch, und es geht einfach nichts mehr, oder du läufst einen Marathon, bist plötzlich vollkommen leer und musst anfangen zu gehen. Diese extremen Körpererlebnisse sind prägend, aber es ist auch schön, sie zu durchleben. Andere Leute machen die Erfahrungen nie. Jemand, der keinen Sport macht, der kennt seinen Körper gar nicht und weiß nicht, was er zu leisten im Stande ist."

Um den Körper an die extremen Belastungen im Wettkampf zu gewöhnen und auf ein höheres Leistungsniveau zu heben, werden im Training neben langen, ruhigeren Ausdauereinheiten auch kürzere, intensivere Trainingseinheiten absolviert. Bei sogenannten Intervalleinheiten wechseln sich Belastung und Entlastung ab. So laufen Triathleten als Vorbereitung auf den Ironman beispielsweise 8x 800 Meter oder 5x 1.000 Meter relativ zügig im Training. Das Tempo wird idealerweise so gewählt, dass jedes Intervall konstant durchgelaufen werden kann. Zwischen den Intervallen erfolgt eine aktive Erholung durch leichtes Traben. Ein solches Training belastet den Körper, er ist danach erschöpft und braucht dann erst einmal Erholung. Je nach Alter und Trainingszustand kann diese Phase einige Stunden oder auch Tage dauern. Dann stellt sich jedoch ein faszinierendes Phänomen ein, das Superkompensation genannt wird. Der Körper erholt sich nicht nur und kehrt zum ursprünglichen Leistungsniveau zurück, sondern er geht darüber hinaus. Es ist, als ob er sich die Belastung aus der Vergangenheit merken würde und sich für zukünftige Herausforderungen wappnen will, um nicht mehr so leiden zu müssen. Lange, ruhige Ausdauereinheiten sind unabdingbar und legen das Fundament für die körperliche Fitness, die nötig ist, um einen Ironman durchzustehen. Kurze, intensive Intervalleinheiten heben diese Fitness durch das Prinzip der Superkompensation auf ein höheres Leistungsniveau. Din geht auf die Unterschiede ein, die sie bei Ausdauer- und Intervalleinheiten körperlich empfindet:

„Ich freue mich jedes Mal, wenn Intervalltraining auf meinem Trainingsplan steht. Es ist schön, auf einem Kilometer an seine Grenzen zu gehen und dann einen Herzschlag zu haben, den man während einer langen Trainingseinheit nie haben würde. Ich kann mich auch bei einer Radeinheit von sechs Stunden verausgaben, aber diese Anstrengung liegt größtenteils im Grundlagenbereich und führt zu einem ganz anderen Empfinden. Beim Intervalltraining brauchst du sehr viel Energie, weil die körperliche Belastung in dem Moment viel größer ist. Ich liebe es, einen hohen Puls zu haben und eine ganz intensive Atmung zu spüren. Dieses Gefühl finde ich einfach schön.“

Dass Din Intervalle, einen hohen Puls und intensive Atmung liebt, ist umso erstaunlicher, wenn man weiß, dass sie seit ihrer Kindheit mit Asthma und Heuschnupfen zu kämpfen hat. Sie sagt von sich selbst, dass sie ein hohes Selbstwertgefühl hat, aber aufgrund der Atemwegserkrankungen nur ein geringes Körpervertrauen. Obwohl sie seit 2010 Triathletin ist und schon seit den 1990er Jahren insgeheim den Traum vom Ironman hegte, brauchte sie länger, um sich dafür anzumelden. Sie redete sich ein: *„Ich bin noch nicht so weit, und mein Körper schafft das nicht"*. Erst als sie drei Mitteldistanzen in einem Jahr bewältigte, war sie im Kopf bereit und hatte genug Vertrauen in den eigenen Körper. Mittlerweile hat sie vier Langdistanzen gefinisht und ihren Traum verwirklicht. Trotzdem fragt sie sich vor jeder Saison immer wieder:

> *„Kann mein Körper das leisten? Kann ich mich zum nächsten Ironman anmelden? Was ist, wenn ich wieder so starkes Asthma bekomme? Wenn der Sommer trocken ist, dann funktioniert das, aber lass es mal nass sein, dann ist die Luftfeuchtigkeit so hoch, dass ich damit schlecht zurechtkomme und Asthmaanfälle habe. Ich weiß: Ich kann es, aber wie geht mein Körper damit um? Das sind die Probleme, die ich jedes Jahr aufs Neue im Training und Wettkampf bewältigen muss."*

Bei ihrem dritten Ironman in Florida ging sie 2018 bis an die Grenzen ihrer mentalen und körperlichen Leistungsfähigkeit.[53] Schon im Vorfeld lief alles anders als geplant. Ursprünglich sollte der Wettkampf in Panama City Beach stattfinden. Din träumte von weißen Stränden, blauem Himmel, strahlender Sonne und türkisfarbenem Meer. Sie wollte die Reise in die USA mit ein paar Tagen Erholung und Strandurlaub verbinden. Anfang Oktober zog jedoch Hurrikan „Michael" über die Kleinstadt am Golf von Mexiko. Er machte viele Häuser dem Erdboden gleich, und Menschen kamen im Wirbelsturm ums Leben oder wurden durch herabfallende Gegenstände verletzt. Strommasten knickten wie Streichhölzer um, was die Energieversorgung zum Erliegen brachte. Als der Hurrikan nach mehreren Tagen der Verwüstung endlich abzog, sah die Region aus wie im Krieg. Die Bilder gingen um die Welt, und schnell war klar, dass der Ironman nicht in Panama City Beach ausgetragen werden konnte. Din rechnete tagtäglich mit einer Absage des Rennens. Stattdessen wurde es in das Landesinnere von Florida verlegt, wo der Hurrikan nicht so stark gewütet hatte, und fand am 3. November in Haines City, südwestlich von Orlando, statt.

Trotz Umbuchungen und Reisestress vor dem Abflug freute sich Din auf den sportlichen Höhepunkt. Sie hatte ein wunderbares Jahr hinter sich, in dem sie sich neben den anderen Aufgaben des Lebens voll auf den Triathlon und das Ironman-Training konzentrieren konnte. In Florida empfing sie brütende Hitze und sintflutartige Regenfälle, die zu einer hohen Luftfeuchtigkeit beitrugen. Vom ersten Tag an wurde sie von Asthma und Kreislaufproblemen geplagt, doch Din zog es vor, die Signale, die ihr Körper sendete, einfach zu ignorieren. Am Wettkampftag begann die Sonne, sich bereits früh am Morgen durch die Wolkendecke zu schieben. Die Luft war drückend, und Din fiel es beim Schwimmen im lauwarmen See immer schwerer, richtig zu atmen. In ihrem Neoprenanzug bekam sie aufgrund der Hitze und der Schwüle regelrechte Beklemmungen. Es schien ihr, als sitze ein Elefant auf ihrer Brust. Dieses Gefühl ließ sie erst wieder los, als sie in der Wechselzone ankam, einer Gemeinschaftshalle mit Klimaanlage.

> „Die Luft darin war eisig, aber wunderbar zum Durchatmen. Einer der ganz wenigen Momente, in denen ich gut atmen konnte und mir keine Sorgen um mein Asthma und meinen Kreislauf machen musste. Da wollte ich bleiben!"

Wie in der griechischen Sage von Odysseus und den Sirenen versuchten die Klimaanlagen mit ihrem Summen und der angenehm kühlen Luft, Din zu verführen, aber sie blieb standhaft und machte sich auf die Radstrecke. Am Anfang bewältigte sie trotz ihrer Probleme den welligen Kurs noch ganz gut. Um die Mittagszeit wurde es bei Temperaturen um die 30 Grad Celsius jedoch drückend heiß, und auf den letzten 30 Kilometern der Radstrecke ging es körperlich rapide bergab mit Din. Ihr Gaumen fing an zu kribbeln, und die Zunge wurde taub. Zuweilen hatte sie Angst, ohnmächtig zu werden. Ihren Kreislauf mit dem wenigen Sauerstoff in Schwung zu halten, der einem mit Asthma beim Ein- und Ausatmen bleibt, ist bei körperlicher Anstrengung an der Grenze der physischen und psychischen Belastung:

> „Mit zu wenig Sauerstoff läuft man unweigerlich irgendwann gegen eine Wand. Ein Marathon wird so zu einem Dauerintervall. Aufgrund der Schwüle konnte ich das alles erst nicht richtig einordnen. Mein Herzschlag war schon allein beim Gehen so hoch wie sonst nur während eines zügigen Dauerlaufs. Das ist echt kein Spaß mehr, in solchen Momenten in seinem Körper zu stecken!"

Der erste Hügel auf der Laufstrecke fühlte sich an wie ein unbezwingbarer Berg. Wieder hörte sie den Ruf der Sirenen, der sie dazu einlud, am Straßenrand zu verweilen und sich auszuruhen, aber ihr Wille zum Finish und die Zuschauer, die wie eine Perlenkette den Parcours säumten und ihr ermunternd zuriefen, trieben sie weiter voran. Dabei hatte sie ambivalente Gefühle und haderte mit sich und ihrem Körper:

„Ich wusste nicht, was schlimmer war: der Hass auf meinen Körper, der mich wie so oft im Stich ließ, oder der Hass auf meinen Willen, das Rennen zu Ende bringen zu wollen?!"

Bei den Verpflegungsstationen nahm sie nicht nur Getränke und Gels zu sich, sondern kühlte den Körper mit Eiswürfeln auch immer wieder herunter. In einem Wechsel von Gehen und Laufen kam sie langsam, aber sicher voran, ohne jedoch ihren Humor zu verlieren:

„Gehen. Laufen, bis das Herz in den Ohren pochte. Wieder gehen. Der Schweiß hörte niemals auf zu laufen. Wenigstens etwas, das richtig lief."

Nach etwa der Hälfte des Marathons legte sie den Schalter im Kopf um. Sie spürte sich selbst und ihre Lebendigkeit. In dem Moment war sie sich sicher, dass sie an diesem Tag das Ziel erreichen würde. Lagen die Temperaturen beim ersten Teil des Marathons noch bei über 30 Grad im Schatten, kühlte es am Abend mit anbrechender Dunkelheit etwas ab. Auf den letzten Metern bis zur Finish Line entschloss sie sich, alles in Ruhe aufzunehmen und zu genießen:

„Auf der Zielgeraden hörte ich auf zu laufen. Ich sah all die Zuschauer, genoss all den Jubel. Unglaublich! Ich ging. Ja, ich ging. Nach so einem harten Tag musste ich nicht durch das Ziel rasen, springen oder hüpfen, mir war nach gehen! Eigentlich ist es unglaublich. Ich bin noch nie einfach so ins Ziel gegangen. Jeden Schritt nimmt man bewusst wahr. Jeder Kilometer kann im Kopf noch einmal, ein letztes Mal, Revue passieren. Es ist Zeit, auf sich so richtig stolz zu sein und das Erlebnis voll und ganz auszukosten."

Das Foto zeigt Din kurz vor dem Zieleinlauf. Ich finde, es ist ein sehr schönes, ausdrucksvolles Bild. Ihr Körper ist von den Strapazen des Tages gezeichnet. Der Blick nach innen gekehrt. Ihr Gesicht wirkt nachdenklich, als ob sie den Tag, die Strapazen und die Strecke noch einmal in aller Intensität vergegenwärtigen würde. Gleichzeitig drückt es Erschöpfung und Erleichterung aus. Nach 12:36 Stunden erreichte sie das Ziel, und Mike Reilly, die Stimme des Ironman, empfing sie mit den Worten: „Din, #884 from Germany: You are an Ironman!".

Din beim Finish des Ironman Florida 2018

KÖRPER UND GEIST

Dins Geschichte verdeutlicht, dass der Ironman nicht nur eine körperliche, sondern vor allem auch eine mentale Herausforderung ist. Der ursprünglich verwendete Begriff des „iron man" bringt diese Ambivalenz zum Ausdruck: Einerseits bezieht er sich auf die stählernen Muskeln, andererseits auf den eisernen Willen, bis an die Grenzen der körperlichen Leistungs- und Leidensfähigkeit zu gehen. Es ist dieses Wechselspiel von Körper und Geist, das gerade auf der Langdistanz eine große Rolle spielt und auf viele Triathleten einen besonderen Reiz ausübt. Angesprochen auf die Körperlichkeit, hebt Patrick den Zusammenhang hervor und gibt einen Einblick in sein tiefstes Inneres beim Ironman Hawaii:

> *„Individuelle Grenzen erfahren, sich selbst nicht nur körperlich, sondern auch geistig besser kennenzulernen. Und auch zu reflektieren. Für mich ist der Ironman nicht nur eine körperliche, sondern eine geistige Erfahrung, die sehr einprägsam ist."*

„Inwiefern?" frage ich ihn im Interview. Patrick führt näher aus:

„Also 2018, beim Ironman Hawaii, war ich auf Kurs unter acht Stunden. Trotzdem bin ich gefühlt durch die Hölle gegangen. Weil ich dachte, ich schaffe das alles nicht. Es war so heiß, ich war so überhitzt und hatte so einen Druck, weil von hinten der Zweitplatzierte zeitweise immer näherkam. Das war vor allem eine mentale Herausforderung – schon beim Loslaufen, schon nach dem Schwimmen. Das ganze Rennen war eine geistige Herausforderung. Immer cool zu bleiben, sich auf den Moment zu konzentrieren und sich auf die körperliche und geistige Stärke hinten raus zu verlassen, das war eine große Herausforderung."

Je länger die Distanz beim Triathlon ist, desto wichtiger wird die mentale Komponente, die viele Athleten vernachlässigen. Sie trainieren viele Stunden pro Woche, investieren Geld für das beste Material und ernähren sich meist ausgewogen, nehmen sich jedoch selten Zeit für ein Mentaltraining. Gerade bei Amateuren ist das durchaus verständlich, wenn sie mitten im Leben stehen, eine Familie haben und berufstätig sind. Da bleibt bei einem durchschnittlichen Trainingspensum von 10 bis 15 Stunden pro Woche wenig Zeit für anderes. Hinzu kommt, dass Fortschritte beim Mentaltraining nicht direkt messbar und spürbar sind – im Gegensatz zum Schwimmen, Radfahren und Laufen. Nach meiner eigenen Erfahrung ist es jedoch sinnvoll, lieber eine Einheit weniger zu absolvieren und stattdessen in Mentaltraining zu investieren. Es sorgt für Ausgleich und Entspannung, was einen positiven Einfluss auf das Leben im Allgemeinen und den Triathlon im Besonderen hat. Außerdem kann mentale Stärke Wunder bewirken, wenn es darum geht, das Trainierte an Tag X auch in die Tat umzusetzen. Hans-Dieter Hermann, promovierter Sportpsychologe und langjähriger Mentaltrainer der deutschen Fußballnationalmannschaft, unterscheidet zwei Gruppen von Sportlern:[54] Bei der ersten handelt es sich um Sportler, die nicht allzu viel nachdenken und intuitiv richtig in der jeweiligen Situation reagieren. Sie sind mental stark, weil sie ihrer Eingebung folgen und spontan aus dem Bauch heraus handeln. Torschützenkönig Gerd Müller hat diese Haltung mit dem Satz zum Ausdruck gebracht: *„Vor dem Tor darfst du nicht das Studieren anfangen."* Die zweite Gruppe geht strukturierter an die Sache heran. Sie ist rationaler und setzt den Kopf ein, um in kritischen Situationen das Optimale herauszuholen. Sie verkrampft nicht, wenn es im Wettkampf eng wird, sondern zeigt ihre beste Leistung, weil sie nicht nur körperlich, sondern auch mental jahrelang darauf hingearbeitet hat. Roger Federer, der beste Tennisspieler der Welt, gehört zu dieser Gruppe.

Toni Hasler war einer der ersten, der sich bereits in den 1990er Jahren mit der Schulung des Geistes beschäftigte und systematisch in das Triathlon-Training integrierte. Zu jener Zeit wurde Mentaltraining häufig noch belächelt oder als esoterischer Hokuspokus abgetan. Für ihn ist es jedoch neben dem körperlichen Training, dem besten Material und der richtigen Ernährung ein zentraler Baustein auf dem Weg zum Erfolg.[55] Natascha Badmann ist der beste Beleg dafür. Schon zu Beginn ihrer Karriere verwendete sie viel Zeit für Mentaltraining:

„Im Jahr 1995 investierte Natascha 70 % der Zeit in das körperliche Training und 30 % in den mentalen Bereich."[56]

Ich kann mich gut an gemeinsame Trainingslager mit Toni und Natascha auf Gran Canaria erinnern. Wenn wir als Altersklassen-Athleten nach langen Radeinheiten in den Bergen bereits faul am Pool in der Sonne lagen, war Natascha noch stundenlang in ihrem Apartment mit Mentaltraining beschäftigt. Selbst wenn sie zu Wettkämpfen in aller Welt unterwegs war und durch die Reisen kaum noch Trainingseinheiten absolvieren konnte, blieb ihre Zeit für das Mentaltraining unangetastet. Sie schulte ihren Geist mindestens 30 bis 60 Minuten pro Tag, das heißt, etwa fünf Stunden pro Woche![57]

Ein wichtiger Ausgangspunkt für das Mentaltraining ist die persönliche Zielsetzung, die nach dem „SMART"-Prinzip möglichst spezifisch, messbar, anspruchsvoll, realistisch und terminiert sein sollte. Ein Beispiel dafür wäre: *„Ich will den Ironman Hamburg am 6. Juni 2021 in der Altersklasse 55-59 unter 11 Stunden finishen"*. Die Hingabe zu einem solch spezifischen Ziel kann viel positive Energie im Unterbewusstsein freisetzen. Dabei sollte man sich auch kritisch fragen, warum man dieses spezifische Ziel verfolgt. Was ist die Hauptmotivation? Für mich ist es vor allem der Spaß an der Bewegung in der freien Natur, den eigenen Körper zu spüren, etwas Neues unter Anleitung eines guten Trainers dazuzulernen, das Beste aus mir herauszuholen und den unbeschreiblichen Moment des Zieleinlaufs zu erleben, der mir eine tiefe, innere Zufriedenheit gibt. Das sind eine Menge guter Gründe, um auch in den tristen Herbst- und Wintermonaten bei Regen und Schnee hinauszugehen und regelmäßig zu trainieren!

Eines der Hauptziele des Mentaltrainings besteht darin, nicht nur körperlich, sondern auch psychisch fit zu sein und das Beste in der jeweiligen

Situation zu leisten. Dafür gibt es ganz verschiedene Techniken wie beispielsweise progressive Muskelrelaxation, Meditation, Selbstgespräche, Rituale, Ent-
spannungsübungen und Visualisierungen. Sie lassen sich je nach Bedarf unterschiedlich einsetzen und sinnvoll miteinander kombinieren. Daniel Meier
spricht in diesem Zusammenhang von „mentaler Flexibilität". Er gibt in seinem
Buch über den Ultratriathlon eine kurze, anwendungsorientierte Einführung
zum mentalen Training und den verschiedenen Techniken.[58] Es gibt hier kein
Richtig und Falsch, sondern es geht primär darum, das eine oder andere auszuprobieren und dann nach eigenen Präferenzen auszuwählen und einzuüben. Da
ich ein visueller Mensch bin, haben es mir entsprechende Übungen besonders
angetan. Eine Übung, die ich im Mentaltrainingsseminar von Toni Hasler gelernt habe und die durch Natascha Badmann bekannt wurde, versucht, die
Macht und Energie von Tieren nutzbar zu machen.[59] Seit jeher schreiben Menschen den Tieren besondere Kräfte zu und lassen sich von ihrer Mystik in den
Bann ziehen. Der Löwe mit seinem goldenen Fell wurde als Sonnengott verehrt,
und der Adler mit seinen großen Schwingen als König der Lüfte.

Adler als König der Lüfte

Auch heute sind noch Spuren dieses tief verwurzelten Glaubens in unserem Alltag zu finden: Der Löwe ist die Symbolfigur des Freistaates Bayern, der Adler das Wappentier der deutschen Nationalflagge. Doch nicht nur auf vielen Flaggen finden sich Tiere wieder, sondern auch auf den Logos weltbekannter Sportautos: So ziert ein Pferd das Emblem von Ferrari, und Lamborghini verwendet den kräftigen, angriffslustigen Stier. Die Kraft, die diese Tiere symbolisieren, lässt sich beim Ausdauersport gezielt einsetzen. Hier ist ein Auszug aus dem Mentalprogramm von Toni Hasler, das ich regelmäßig als Vorbereitung für meine Wettkämpfe verwende:

„Stell dir jetzt einen Adler vor. Dieses wunderbare, leichte und stolze Geschöpf, wie es mühelos und majestätisch in hohen Höhen dahingleitet. Male dir von diesem kraftvollen, schönen Tier ein möglichst genaues Bild in deiner Fantasie. Betrachte seinen kraftvollen, gelben Schnabel, seinen Charakterkopf mit den weißen Federn, seine großen Schwingen, die weit ausladend sein elegantes Dahingleiten ermöglichen. Du siehst seine kraftvollen Krallen, mit denen er seine Beute festhält und mühelos zu seinem Horst in hohen Höhen trägt. Du siehst seine scharfen Augen und spürst dabei, wie ein leichter Schauer deinen Rücken hinunterläuft, der in dir dieses Bild dieser unergründlichen Mystik auslöst. Male dieses Bild immer genauer. Du spürst immer intensiver – diese Kraft, diese majestätische Eleganz. Fühle dabei, wie du immer mehr EINS wirst mit diesem Tier. Diese Anmut, diese Kraft, diese Fähigkeiten werden immer mehr Bestandteil deiner selbst. Du schlüpfst jetzt in diesen wunderbaren Körper – du BIST ein königlicher Adler. Schaue durch die Augen des Adlers. Blicke nach rechts auf deine starken Flügel, die dich mit ruhigen, kraftvollen Schlägen hoch oben majestätisch am Himmel dahingleiten lassen. Blicke nach unten durch die Augen des Adlers. Du siehst dich dahin laufen auf deiner Laufstrecke. Du gleitest jetzt als Adler lautlos zu dir als Läufer hinunter. Deine kräftigen Adlerfüße fassen dich sanft bei den Schultern und tragen dich energiegeladen und leicht mit kraftvollen Adlerschwingen über deine Laufstrecke. Du spürst diese kraftvolle, mythische und unerschöpfliche Energie, wie du leicht und schnell über deine Laufstrecke schwebst." [60]

Diese Situation wird mit einem bestimmten Schlüsselwort verbunden, das man zehnmal bei jedem Ausatmen wiederholt. In meinen Fall habe ich „Wind" gewählt, weil ich damit den Adler und die Leichtigkeit beim Laufen verbinde. Das ganze Programm wird mit den eigenen Worten gesprochen und dauert etwa zehn Minuten. Durch das tägliche Vorspielen und Einüben über Monate hinweg verbindet der Körper sein Schlüsselwort mit einer bestimmten Situation und einem bestimmten Gefühl. Mit der Zeit ergibt sich dadurch ein erstaunlicher Effekt, den ich beispielsweise in Frankfurt bei meinem 13. Ironman erleben durfte. Die äußeren Bedingungen waren damals ideal, und ich war bestens vorbereitet. Beim Schwimmen erzielte ich mit 1:02 Stunden und auf dem Rad mit 5:16 Stunden neue persönliche Bestzeiten. Nach rund fünf Kilometern beim Laufen war ich jedoch kurz davor aufzugeben. Ich bekam so heftige Rückenschmerzen, dass sich jeder Schritt wie ein Schlag anfühlte. Die Muskulatur im unteren Rückenbereich ist meine große Schwachstelle und macht sich bei physischem und psychischem Stress als Erstes bemerkbar. Ich hielt mehrmals an, um mich zu lockern, zu dehnen und ein bisschen zu entspannen. In dieser kritischen Situation sagte ich mehrmals halblaut „Wind" zu mir. Umstehende dachten bestimmt, dass ich spinne oder halluziniere, aber das Schlüsselwort verfehlte seine Wirkung nicht. Nach einigen Minuten fing die positive Energie an, in meinem Körper zu fließen, und die Rückenschmerzen ließen spürbar nach. So hob mich der Adler an und verlieh mir im wahrsten Sinn des Wortes Flügel. Mit einem Lächeln auf den Lippen erreichte ich nach 10:15 Stunden in neuer persönlicher Bestzeit das Ziel.

Der Adler, der mir Flügel beim Ironman verlieh

War es in diesem Fall ein kleiner Sieg über mich selbst, konnte Natascha dank ihrer mentalen Stärke einen großen Sieg beim Ironman Hawaii erzielen. Die Königin von Kona ist in der Szene als herausragende Radfahrerin bekannt. Normalerweise kommt sie beim Ironman mit mehreren Minuten Rückstand auf die Schnellsten aus dem Wasser. Dann fährt sie in hohem Tempo auf die Spitze des Frauenfeldes auf und setzt ohne großes Taktieren direkt zum Überholen an. Nach dem Radsplit hat sie beim zweiten Wechsel meist mehrere Minuten Vorsprung, den sie als gute Läuferin bis ins Ziel bringt. 2005 lief es zunächst aber nicht wie geplant für sie. Durch eine umstrittene Zeitstrafe musste sie vier Minuten in der Penalty-Box verbringen. Es war die erste Strafe, die sie in ihrer Triathlon-Karriere kassierte. Anstatt sich lange über die Strafe zu ärgern, behielt sie dank ihrer mentalen Stärke eine positive Grundeinstellung. Zu Beginn des Marathons hatte sie einen Rückstand von zehn Minuten auf die US-Amerikanerin Michellie Jones, die im Vorfeld als Mitfavoritin gehandelt worden war. Als Vorbereitung auf Hawaii hatte Natascha ihr Mentaltraining umgestellt: Anstatt den Adler programmierte sie den Wolf, der als besonders klug und ausdauernd gilt. In ihrer Biographie gibt sie einen Einblick in ihre Gedanken:

„Ich ging auf die Laufstrecke und sah das Rennen durch die Augen eines Wolfes. Es fühlte sich fantastisch an. Locker und ohne jeglichen Druck zu verspüren, machte ich mich an die Aufholjagd. Ich spürte keine Schmerzen, die Vorbelastung durch Schwimmen und Radfahren existierte quasi nicht. Meine Gedanken waren auf ein einziges Ziel ausgerichtet: meine Beute zu erreichen. Bei Kilometer 25 war es so weit, ich hatte Michellie eingeholt. Ohne abzuwarten und zu taktieren, ging ich an ihr vorbei, arbeitete auf der restlichen Strecke von 17 Kilometern einen Vorsprung von einer weiteren Minute heraus – und gewann den Wettkampf."[61]

Ihr Körper folgte dem Kopf. In mentaler Hinsicht bezeichnet sie diesen Sieg als die größte Leistung, die sie je bei einem Triathlon erbrachte.

KÖRPERFORMUNG

Wer einmal die Tage vor dem Ironman Hawaii in Kona erlebt hat, wird schnell feststellen, dass viele Triathleten – bewusst oder unbewusst – ihren durchtrainierten Körper zur Schau stellen. Es fängt morgens nach dem Sonnenaufgang an, wenn die Athleten nur mit einer Badehose bekleidet an den Pier gehen, um eine Runde im Meer zu schwimmen und sich auf den Wettkampf einzustimmen. Es geht dann tagsüber weiter, wenn sie am Ali'i Drive mit freiem Oberkörper oder im kurzen Top auf- und ablaufen. Wenn sich der Schweiß bildet, dann glänzen die durchtrainierten Muskeln in der Sonne. Die Körper sind gestählt, nicht nur die Männer, sondern auch die Frauen haben ein Sixpack und kaum ein Gramm Fett. Das alles erinnert fast ein bisschen an das Posen beim Bodybuilding. Interessanterweise gibt es eine Reihe von Athleten, die vor dem Ironman Bodybuilding betrieben haben. So auch Michael, der im Interview seine Körpertransformation beschreibt. Er traf im Alter von vier Jahren eine weitreichende Entscheidung, die erheblichen Einfluss auf sein Leben, seine Persönlichkeit und seinen Körper hatte: Er entschied sich für Judo, eine japanische Kampfsportart, die er lange aktiv betrieb und sehr ernst nahm. Über 20 Jahre war Judo sein Lebensmittelpunkt. Auch heute noch hat er einen braunen Gürtel, der ihn als Judomeister auszeichnet. In seiner aktiven Zeit absolvierte er acht bis zehn Trainingseinheiten pro Woche und nahm regelmäßig an Wettkämpfen teil. Dort startete er in der Klasse „Superleichtgewicht bis 60 Kilogramm". Bei einer Größe von 1,75 Metern ist ein solch niedriges Gewicht schwierig zu halten, und daher achtete er schon als Jugendlicher genau auf seinen Körper und darauf, was er zu sich nahm:

> *„Essen war für mich immer ein Riesenluxus. 60 Kilo auf 1,75 Meter – da muss man schon sehr genau aufpassen, was man isst."*

Die Konsequenzen einer falschen Ernährung konnten drastische Folgen für ihn haben. Wenn er mehr als 60 Kilogramm wog, ging das mit einer Disqualifikation für den Wettkampf einher:

> *„Wenn ich 61 Kilogramm wog, durfte ich beim Kampfsport nicht starten. Das war quasi der k.o., noch bevor es überhaupt losging."*

Nach über 1.000 Wettkämpfen im Judo fing er nach dem Studium mit Kraftsport an. Er ging fast täglich ins Fitnessstudio, um seinen Körper zu trainieren und zu verändern. Um genau zu verstehen, wie sich das tägliche Training und die Ernährung auf den Körper auswirkten, erwarb er eine Trainerlizenz und machte eine Ausbildung zum Ernährungsberater. In dieser Phase stellte er seine Ernährung komplett um und legte sehr viel Muskelmasse zu.

„Nach meiner Judokarriere habe ich mich intensiv weitergebildet, was das Essen betraf. Im Krafttraining setzte ich nun natürlich auf eine komplett andere Ernährungsweise. Da ging es letztendlich darum, Masse zuzulegen. Und das habe ich sehr genossen, musste aber auch ständig darauf achten, was ich esse und wann ich es esse."

So veränderte er seinen Körper durch das Bodybuilding innerhalb weniger Jahre vollkommen und formte ihn neu. Er entwickelte sich von einem Superleichtgewicht mit schmalen Hüften zu einem „Superman" mit breiten Schultern. Wog er zu seinen aktiven Zeiten als Judoka noch 60 Kilogramm, so kam er als Bodybuilder auf 82 Kilogramm. Als er diese Transformation abgeschlossen hatte und sich in seinem Körper wohlfühlte, wandte er sich Anfang Dreißig mehr dem Ausdauersport zu. Er fing an zu laufen und bestritt einen Marathon. Später kam das Radfahren hinzu. Teilweise verband er das Radfahren mit Reisen und fuhr mehrere Hundert Kilometer in wenigen Tagen an die schönsten Orte der Welt. Die langen Lauf- und Radeinheiten ebneten ihm schließlich den Weg zum Ironman. Durch die Ausdauersportarten und die unterschiedlichen Essgewohnheiten veränderte sich sein Körper ein weiteres Mal, was ihm Genugtuung verschaffte:

„Es war für mich natürlich eine wahnsinnige körperliche Veränderung vom Kraftsport in den Triathlon. Ich habe letztendlich im Schulter-, Brust- und Armbereich Muskeln abgebaut und an Beinen und Waden aufgebaut. Das war eine Riesentransformation. Ich genieße es auch zu einem gewissen Grad, dass ich sehe, wie man selbst seinen eigenen Körper formen kann."

Durch das Triathlon-Training nahm er rund 12 Kilogramm ab – bis auf 70 Kilogramm bei seinem ersten Ironman. Diese Form der Körpergestaltung ist eng verbunden mit der Selbstoptimierung, das heißt, sie ist ein Mittel zum Zweck. Der Körper wird derart geformt, um bestimmte Leistungen im Training oder im Wettkampf abrufen zu können.

„Man kann seinen Körper so optimieren, dass er im Hochsprung Leistungen innerhalb von 0,2 Sekunden erbringt. Und man kann ihn darauf optimieren, dass er im Langstrecken-Triathlon Leistungen über acht Stunden und mehr erbringt. Das ist enorm faszinierend."[62]

Das sagt Sebastian Kienle, der seinen Körper nach seinen Vorstellungen und Maßgaben gestaltet. Wie viele Spitzensportler hat er ein ambivalentes Verhältnis zu seinem Körper, der für ihn Stärke und Schwäche zugleich ist. Auf der einen Seite müsse er ihn ständig überlisten, um die Leistungsgrenzen nach oben zu verschieben, erzählt er. Auf der anderen Seite müsse er aber auch in den Körper hineinschauen und erkennen, wann es zu viel sei – gerade auch im Training. Dieser Balanceakt ist schwierig und kann schnell zum Burnout oder zu Verletzungen führen:

„Wenn der Körper nicht funktioniert, wie man will, dann ist das extrem enttäuschend und mental zerstörend. Dann sieht man den Körper nur noch als Maschine, und man selbst ist die Software, die diese Maschine steuert, und wenn die Scheißmaschine nicht hinbekommt, was man ihr vorgibt, dann würde man sie am liebsten verschrotten."[63]

Die Vorstellung vom Körper als Maschine beruht auf einem mechanistischen Weltbild, wonach sich alles kausal und deterministisch mithilfe von Naturgesetzen erklären lässt. Ein solches Weltbild herrscht auch in der Physik vor, was Sebastian Kienle mehrere Semester studierte, bevor er Profi wurde und sich mit Erfolg dem Triathlon widmete. Für ihn als Spitzensportler geht es darum, den Körper als Maschine im Training auf Grundlage der neuesten wissenschaftlichen Erkenntnisse so einzustellen, dass er das Optimale aus sich herausholen kann.

Für Michael ist die Körpergestaltung nicht nur Mittel zum Zweck, sondern auch ein Zweck per se, dem er hohe Bedeutung beimisst. Er zeigt sich verwundert darüber, dass sich viele Menschen intensiv damit beschäftigen, ihren Körper *ein*zuhüllen anstatt ihn zu *ent*hüllen und nach eigenen Vorstellungen zu gestalten:

„Ich habe mich immer gewundert und die Frage gestellt, warum die Menschheit so viel Zeit damit verbringt, sich mit Kleidung oder anderen Gegenständen zu dekorieren oder sogar anfängt, Autos zu tunen. Demgegenüber stehen nur sehr wenige Menschen, die Zeit investieren, um ihren eigenen Körper zu transformieren oder zu tunen. Warum die Menschheit also so viel Zeit und Geld in die materialistischen Dinge steckt, aber so wenig in den eigenen Körper, werde ich nie verstehen. Für mich persönlich war das immer sehr wichtig."

Ich würde es so interpretieren, dass sich manche mit schönen Kleidern oder Autos ausdrücken, und andere mit Sport und der Formung ihres Körpers.

KÖRPERPARADOXIE

Die moderne Gesellschaft ist dadurch gekennzeichnet, dass sie ihren Körper entweder verdrängt oder aufwertet. Karl-Heinrich Bette, Professor für Sportsoziologie, spricht in dem Zusammenhang von einer Paradoxie, die strukturell bedingt und nicht auflösbar ist.[64] Um die Körperparadoxie von gleichzeitiger *Ent*wertung und *Auf*wertung besser zu verstehen, lohnt sich ein kurzer Blick in die gesellschaftliche und wirtschaftliche Entwicklung Deutschlands während der letzten 200 Jahre. Anfang des 19. Jahrhunderts arbeiteten 80 % der deutschen Bevölkerung in der Landwirtschaft und verdienten sich ihr tägliches Brot auf dem Feld. Im Zuge der industriellen Revolution zogen viele vom Land in die Städte, um sich als Tagelöhner in den Bergwerken oder Fabriken zu verdingen. Dort leisteten sie 14 bis 16 Stunden am Tag, sechs Tage die Woche harte körperliche Arbeit. Im 20. Jahrhundert kam es zu einer Technisierung der Landwirtschaft und der Industrie. Menschen wurden durch Maschinen ersetzt, wodurch die Produktivität stieg. Die dritte industrielle Revolution mit Computern und Internet führte zu einer Digitalisierung der Arbeitswelt. Als Folge dessen arbeitete im Jahr 2020 ein Großteil der Beschäftigten in Deutschland nicht mehr in der Landwirtschaft oder Industrie, sondern im Dienstleistungssektor. Rund drei Viertel der Erwerbstätigen sitzen ganztags im Büro vor dem Computer und kommunizieren in Zeiten von Corona über Videokonferenzen, Handy oder E-Mail. Sie fahren mit dem Auto oder öffentlichen Verkehrsmitteln zur Arbeit und kommen kaum dazu, täglich 10.000 Schritte zu gehen, wie es manche Fitness-App vorschlägt. Kleine Kinder spielen immer seltener in der freien Natur. Stattdessen wachsen sie mit einem Tablet auf und kennen sich mit Apps und den virtuellen Welten besser aus als ihre Eltern.

Historisch betrachtet hat sich innerhalb einer relativ kurzen Zeit ein fundamentaler Wandel im Hinblick auf die Körperlichkeit ergeben. In der Agrargesellschaft vor 200 Jahren war der Körpereinsatz auf dem Feld oder in den Fabriken noch unabdingbar, um zu überleben. Die Gesellschaft im 21. Jahrhundert hingegen ist durch eine Körperentwertung gekennzeichnet. In der modernen Arbeitswelt wird der Körper kaum noch aktiv eingesetzt und beansprucht. So ist zum Beispiel für mich das Halten einer Vorlesung das Höchstmaß an körperlicher Anstrengung, die ich in meinem Beruf als Hochschullehrer erbringe. Ähnlich geht es Din als Marketingmanagerin, Michael als Innovationsmanager und Nadine als Unternehmensgründerin. Angesprochen auf Körperlichkeit sagt Nadine:

> *„Welche Herausforderungen haben denn Menschen in hochentwickelten Industrieländern? Gut, aktuell haben wir die Corona-Krise, und da ist die Herausforderung, dass man den nächsten Rewe-Laster abpasst, um Toilettenpapier zu kaufen, aber ansonsten haben wir doch keine ernsthaften Herausforderungen mehr. Wir müssen nicht jagen gehen und keine Tiere erlegen. Was reizt uns Menschen denn?"*

Die meisten Triathleten, die ich interviewt habe oder mit denen ich im Trainingslager zusammen war, arbeiten in ihrem Beruf mehr mit dem Kopf als mit dem Körper. Es ist davon auszugehen, dass sich die Entwicklung zur Körperentwertung durch künstliche Intelligenz im Laufe der nächsten Jahrzehnte noch weiter fortsetzen wird. Roboter können uns nicht nur schwere körperliche Arbeit in der Industrie, sondern auch im Alltag abnehmen. Parallel zum fortschreitenden Prozess der Körperverdrängung in der modernen Arbeitswelt, entfaltet sich ein Prozess der Körperaufwertung in verschiedenen anderen Lebensbereichen.[65] Das kommt insbesondere im Sport zum Ausdruck, der körperliche Erfahrungen erlaubt, die wir sonst im Alltag nicht mehr haben. Im 21. Jahrhundert ist Sport

> *„ein etablierter und gesellschaftlich akzeptierter Ort zur Artikulation verdrängter Körperlichkeit".* [66]

Im 19. Jahrhundert, als die meisten Menschen noch körperlich hart arbeiteten, war Sport noch ein relativ neues Phänomen, das sich auf einen kleinen, exklusiven Kreis der Bevölkerung beschränkte. Neue Sportarten wie Fußball oder Tennis, die ihren Ursprung in England hatten, waren eher Kuriositäten als weit verbreitete Beschäftigungen. Der österreichische Schriftsteller und Journalist Michelangelo von Zois schrieb 1908:

> *„Männer, die aus England kamen, wussten den staunenden Freunden zu erzählen, dass die Leute über dem Kanal, so vernünftig sie sonst auch seien, doch recht kindlichen Vergnügungen huldigen. So unterhalten sich junge Leute, einen Lederball auf einer Wiese herumzustoßen, andere wieder schlügen*

mit einer Art Praker [Teppichklopfer] den Ball über ein Netz u.s.w., und dieser Wahnsinn locke Zuschauer in jeder Menge herbei. Darunter gäbe es Leute in Amt und Würden – die es manchmal sogar nicht verschmähen, selbst mitzutun."[67]

Was würde Michelangelo von Zois als Zeitreisender wohl zum Treiben beim Ironman Europe mit über 3.000 Triathleten aus aller Welt berichten, wie sie sich radelnd und laufend durch die Stadt bewegen und sich am Rande ihrer körperlichen Erschöpfung über die Ziellinie quälen? Heutzutage ist es allgemein akzeptiert, wenn nicht sogar erwünscht, sich regelmäßig körperlich zu betätigen. Einige Unternehmen sind dazu übergegangen, ihren Mitarbeitern entsprechende Sportkurse während oder nach der Arbeitszeit anzubieten. Die positiven Auswirkungen von Ausdauersportarten wie Schwimmen, Radfahren und Laufen auf die Physis und die Psyche des Menschen sind anhand zahlreicher wissenschaftlicher Studien belegt.[68] Das Triathlon-Training im aeroben Bereich mag gut für die körperliche Fitness und den seelischen Ausgleich sein, doch im Wettkampf wird es auf die Spitze getrieben. Das stellt eine Ausnahmesituation mit eigenen Regeln dar.

„Der Sport macht Situationen verfügbar, die eine Entdeckung des eigenen Körpers ermöglichen. In dieser sozial protegierten Nische darf der Mensch sich mit Effekten überziehen, die an anderen Stellen verpönt oder sogar verboten sind."[69]

In der modernen Arbeitswelt haben die Gesetzgeber auf Druck der Gewerkschaften Regeln festgelegt, die dem Schutz der Mitarbeiter dienen und ihn daran hindern sollen, sich vollkommen für die Arbeit zu verausgaben. Beim Ironman gelten solche Regeln nicht. Die Triathleten begeben sich freiwillig und bewusst in solche Situationen. Sie unterschreiben sogar eine Erklärung, die Sportveranstalter von Haftungsansprüchen jeglicher Art weitgehend befreit. In dem Fall wird die körperliche und psychische Verausgabung nicht als Bedrohung empfunden, sondern vielmehr als die Bedingung für ein aktives Leben, welchem die involvierten Menschen Sinn beimessen – sei es als Teilnehmer, Helfer oder Zuschauer.[70]

6 NATUR

Im Vergleich zu anderen Sportarten wie Basketball, Bodybuilding oder Boxen, ist Triathlon eine Outdoor-Sportart, die überwiegend in der freien Natur betrieben wird. Es gibt Ausnahmeathleten, wie den kanadischen Profi Lionel Sanders, der mehrere Ironman-Rennen gewonnen hat und größtenteils indoor unter laborartigen Bedingungen trainiert, um das Risiko von Unfällen zu minimieren und seine Leistungen zu optimieren. Es gibt auch Umstände wie die Corona-Pandemie, die vielen Triathleten aufgrund der Ausgangssperre keine andere Wahl ließ, als zu Hause zu trainieren. Technisches Equipment wie Rollentrainer, Laufbänder und Zugseile machen das möglich. Das Indoor-Training mag seinen eigenen Reiz haben, gerade wenn man in virtuellen Welten auf Plattformen wie Zwift gemeinsam mit Freunden unterwegs ist, doch es kann die wirklichen Erlebnisse in der freien Natur nicht ersetzen.

TOSKANA VON DARMSTADT

Nach der ersten Welle in der Corona-Pandemie wurden die Freiheitsbeschränkungen von den europäischen Regierungen vorübergehend gelockert. Es war wieder weitgehend möglich, sich frei zu bewegen und draußen zu trainieren. Auffallend ist, wie viele Social-Media-Beiträge von Triathleten sich in dieser Zeit der Lockerungen mit Naturerlebnissen beschäftigten. Stellvertretend dafür zeige ich hier zwei schöne Bilder von Daniela, die sie im Frühjahr 2020 auf Instagram für ihre

Follower postete. Das erste ist ein Rückblick und zeigt Daniela beim Lauftraining im Energy Lab auf Hawaii. Passend zum Bild und ihrer eigenen Stimmung zitiert Daniela einen Satz der amerikanischen Country-Sängerin Dolly Parton:

„If you want the rainbow, you gotta put up with the rain."

Wörtlich übersetzt: Wer den Regenbogen sehen will, muss auch den Regen in Kauf nehmen. Im übertragenen Sinn geht es um die Höhen und Tiefen des Lebens, die wie Yin und Yang zusammengehören. Auf dem Foto kommt nicht nur die Liebe zur Schönheit der Natur, sondern auch die Sehnsucht nach Normalität in Zeiten der Corona-Pandemie zum Ausdruck.

Das andere Foto zeigt Daniela mit ihrem Mountain-Bike. Sie steht auf dem Prinzenberg und lässt ihren Blick in die Ferne schweifen. Im Hintergrund liegt ihre Heimatstadt Darmstadt-Eberstadt. Direkt darüber ist die Abendsonne, die dem Bild eine besondere Stimmung verleiht. Aufgrund der Schönheit wird die Region

Naturerlebnisse in der „Toskana von Darmstadt"

rund um den Prinzenberg auch als „Toskana von Darmstadt" bezeichnet. Passend zum Foto schreibt Daniela:

„Beautiful sunset ride at home. The best way to free your mind, isn't it?"

Eine Ausfahrt in der Natur ist demnach der beste Weg, um den Kopf frei zu bekommen. Für die meisten Triathleten haben Naturerlebnisse eine sehr hohe Bedeutung – sie sind eine zentrale Dimension und Triebfeder für das Ironman-Training. In diesem Zusammenhang kann ich mich an ein schönes Erlebnis zu Beginn meiner Triathlon-Zeit erinnern.

STILFSER JOCH UND MURMELTIERE

Es war im August 2000, als mich mein bester Freund und Trainingspartner Richie an einem Freitag anrief und fragte, ob ich Lust hätte, eine zweitägige Radtour in den Alpen zu unternehmen. Da die Wetterprognose für das Wochenende sehr gut war und ich noch keine konkreten Pläne hatte, sagte ich ihm spontan zu. Noch am selben Abend packte ich meine Siebensachen, und am nächsten Morgen ging es früh mit dem Zug von St. Gallen los. In Landquart angekommen, machten wir uns mit dem Rad direkt auf den Weg nach Davos. Am ersten Tag überquerten wir drei hohe Alpenpässe und fuhren dabei durch drei Länder (Schweiz, Österreich, Italien). Am frühen Abend erreichten wir Prad am Beginn des Stilfser Jochs. Dort fanden wir ein schönes, familiengeführtes Hotel, das noch zwei Zimmer für uns frei hatte. Die Inhaberin sprach nur Italienisch, aber sie verstand, dass wir großen Hunger hatten und uns ihre Speisen hervorragend schmeckten. So gestärkt, aber gleichzeitig erschöpft, gingen wir nach einem langen Tag früh schlafen. Der nächste Tag hielt Erlebnisse für uns bereit, die mir selbst nach 20 Jahren noch in allen Einzelheiten in Erinnerung sind.

Wir standen bereits um sechs Uhr auf und machten uns in aller Frühe auf den Weg. Während wir auf den ersten Metern noch fröstelten, wurde uns durch den sanften Anstieg am Fuß des Berges schnell angenehm warm. Das Stilfser Joch ist mit 2.760 Metern der höchste Gebirgspass Italiens. Die durchgehend asphaltierte Straße, die kurvenreiche Strecke und der spektakuläre Ausblick machen den Pass zu einem beliebten Ziel für Radsportler aus aller Welt. Seit Jahrzehnten ist der „Passo de Stelvio" auch ein fester Bestandteil des Giro d'Italia. Doch nicht nur bei Radlern, sondern auch bei Motorrad- und Autofahrern ist der Pass ein beliebtes

Ausflugsziel. Zu der frühen Uhrzeit war jedoch noch niemand unterwegs, und es herrschte eine himmlische Stille. Außer unserem Atmen und dem Zwitschern der Vögel war im Morgengrauen nichts zu hören. Aus meiner Sicht liegt der besondere Reiz des Stilfser Jochs an der gleichmäßigen Steigung und der langen Serpentine, die sich scheinbar endlos den Berg entlang hochschlängelt.

Von Prad bis zur Passhöhe sind es insgesamt 48 Kehren. Der erste Teil der Strecke liegt im Wald. Wir verabredeten, dass jeder in Ruhe sein eigenes Tempo fahren könne und wir uns oben auf der Passhöhe wiedertreffen sollten. Ich fand heraus, dass es angenehmer war, die Kehren außen statt innen herum zu fahren. Dadurch konnte ich ein bisschen Schwung für die nächsten Höhenmeter mitnehmen, so dass ich zu einem gleichmäßigen Rhythmus fand. Mit der Zeit bewegte ich mich wie in Trance. Ich war im Flow, in dem ich keine bewussten Gedanken mehr hatte, sondern mich nur noch im Hier und Jetzt befand, als wäre ich eins mit dem Rad und der Natur. In diesem tranceartigen Zustand, der durch das gleichmäßige Treten und mein Atmen bestimmt wurde, kam ich langsam, aber sicher voran und gewann immer weiter an Höhe. Nach etwa der Hälfte der Kehren lichtete sich der Wald und öffnete den Blick auf eine atemberaubende Bergkulisse. Durch die Höhe wurde die Landschaft karger und die Luft deutlich dünner. Das Zwitschern der Vögel, das mich durch den bewaldeten Teil der Serpentinen begleitet hatte, nahm ab. Dafür hörte ich ein eigenartiges Pfeifen. Nach einer Weile wurde mir klar, dass es sich dabei um Murmeltiere handelte, die hier im Nationalpark leben. *Ob die Murmeltiere sich am frühen Morgen bei aufgehender Sonne unterhalten? Oder sie ihre Artgenossen vor dem radelnden Eindringling warnen?* Ich wusste es nicht. Aber je näher ich zur Passhöhe kam, desto klarer wurden ihre spitzen Laute und vermischten sich immer mehr mit meinem rhythmischen Atem. Murmeltiere bekommt man nur im Hochsommer zu Gesicht, da sie einen ausgedehnten Winterschlaf halten. Während der Sommerzeit fressen sie sich große Fettreserven an. Sobald die Nahrung im Herbst nicht mehr ausreichend Energie liefert, verziehen sie sich in ihren Bau. Während der Ruhezeit im Winter sinken die Atmung und der Herzschlag der Tiere, wodurch der Energieverbrauch erheblich reduziert wird. Wenn es im Sommer wieder schöner wird und die Außentemperaturen auch auf einer Höhe von über 2.000 Metern ansteigen, dann erwachen die Murmeltiere zum Leben und tummeln sich auf ihrer Spielwiese im Freien. Einmal erhaschte ich an diesem Tag zu meiner großen Freude einen Blick auf ein Murmeltier, das aber gleich wieder hinter dem nächsten Felsen verschwand. Als ich oben auf der Passhöhe ankam, wartete Richie bereits seit einer Weile auf mich. Ich war noch so euphorisiert vom Anstieg und meiner

Stilfser Joch

Murmeltier

Begegnung mit den Murmeltieren, dass ich mir im Souvenirladen auf der Passhöhe ein Stoffexemplar in Lebensgröße als Erinnerung kaufte.

JENSEITS VON STAHL UND BETON

Die Schönheit der Natur lässt sich nicht nur in den Schweizer Alpen, sondern auch ganz in der Nähe der Großstadt erleben, wie Cynthia hervorhebt. Sie ist in Pirna geboren, dem „Tor zur Sächsischen Schweiz". Die Kleinstadt liegt direkt an der Elbe und ist ein idealer Ausgangspunkt für Wander- und Kletterausflüge in den Nationalpark Sachsens. In ihrer Jugend war Cynthia oft auf der Elbe rudern oder im Elbsandsteingebirge wandern. Sie sagt über sich selbst:

„Ich bin ein Naturkind, auch wenn ich in der Stadt lebe."

2010 zog Cynthia für ihr Duales Studium nach Frankfurt am Main. Mit über 750.000 Einwohnern ist Frankfurt die fünftgrößte Stadt Deutschlands. Von der Architektur her ist sie vor allem für ihre Skyline mit Wolkenkratzern aus Stahl und Beton bekannt. In Anspielung auf Manhattan in New York City wird Frankfurt manchmal auch „Mainhattan" genannt. In den ersten Jahren fremdelte Cynthia mit der Großstadt. Während der Woche absolvierte sie ihr Studium und ging ihrem Beruf in der Bankenbranche nach, doch am Wochenende besuchte sie so häufig wie möglich ihre Eltern und genoss die Natur in der Sächsischen Schweiz. In der Zwischenzeit hat sie sich jedoch mit der Großstadt versöhnt. Sie fühlt sich in Frankfurt angekommen. Einen wesentlichen Anteil daran haben der Triathlon und die Erlebnisse in der freien Natur.

„Ich bin jemand, der am liebsten draußen trainiert, weshalb ich sagen kann: Ich entdecke Frankfurt immer wieder aufs Neue. Auf dem Rennrad erkundete ich so viele coole, neue Radstrecken um Frankfurt herum. Ich lerne so schöne Ecken kennen, so viel Natur, was ich zuvor nie gedacht hätte. Das ist das, was mich echt glücklich macht. Das sind die Dinge, die mich antreiben!"

Obwohl sich Cynthia für den Winter einen Rollentrainer gekauft hat, trainiert sie das ganze Jahr über am liebsten draußen. Im Interview zeigt sie Bilder von ihrem Instagram-Account, die vom Training in der Nähe der Großstadt stammen. Eines der Fotos ist im Winter aufgenommen worden. Darauf sieht man Cynthia beim Radtraining auf einem Feldweg in Mülheim, einer kleinen Stadt östlich von Frankfurt. Raureif bedeckt die grüne Rasenfläche, und die von der Wintersonne angestrahlten Bäume im Hintergrund verleihen dem Bild eine besondere Stimmung. Sie schreibt dazu:

„Love to ride outside so much more than on the trainer. Guess why?"

Damit bringt sie zum Ausdruck, dass sie zum Radfahren lieber raus als auf die Rolle geht – selbst bei Minusgraden. Das unten dargestellte Bild zeigt Cynthia beim Laufen am Ufer des Jacobiweihers, der im Süden Frankfurts liegt. Im Volksmund wird der Jacobiweiher auch „Vierwaldstättersee" genannt, weil er vom Umriss dem Schweizer Gewässer ähnelt. Das Foto wurde im Frühjahr aufgenommen. Die hohen Ulmen und Buchen am Ufer des Jacobiweihers fangen bereits an zu sprießen. Die grün-gelbe Farbenpracht der Bäume steht in krassem Kontrast zum hellblauen Wolkenhimmel. Cynthia postet:

„We all need something that makes us feel like we can fly, whatever that is."

Wir brauchen alle etwas, das uns fliegen lässt, was immer das auch sein mag.

Naturerlebnisse in Stadtnähe

WIEDERENTDECKUNG DER NATUR

Triathlon und das Training für einen Ironman sind auch eine Möglichkeit, die Natur wieder zu entdecken, wie die Geschichte von Mark zeigt. Nach dem Studium der Betriebswirtschaftslehre startete er seine Karriere als Berater und später als Fondsmanager. Der Beruf füllte ihn aus. Wie in der Beraterbranche üblich, arbeitete er häufig rund um die Uhr. Während der Woche war er oft mit dem Zug oder dem Flugzeug zu Kundenterminen unterwegs, aber auch am Wochenende ging die Arbeit in der Firmenzentrale unverdrossen weiter. Zwei Jahre lang besaß er keine eigene Wohnung, sondern lebte nur aus dem Koffer in Hotels. Sein Leben spielte sich vor allem in der von Menschen erschaffenen Welt aus Büros, Konferenzräumen, Flughäfen und Bahnhöfen ab. Die Natur nahm er größtenteils nur noch beim Vorbeirauschen im Zug oder Flugzeug wahr, wenn er denn mal Zeit hatte, sich von seinem Laptop und den Geschäftsunterlagen zu lösen und einen Blick nach draußen zu werfen. Zu seinem Naturverhältnis während dieser Lebensphase sagte er im Interview:

> *„Während meiner Arbeitszeit bin ich aus der Stadt eigentlich nicht wirklich herausgekommen. Ich bin zwischen Städten hin und her gependelt, meist geflogen – aber rauszugehen, das hat mich nicht interessiert. Zu dieser Zeit meines Berufslebens war dieses Bedürfnis einfach nicht vorhanden, und ich habe es auch nicht wirklich vermisst.“*

Der Wendepunkt kam, als er sich mit 40 Jahren selbstständig machte. Das gab ihm die zeitliche Flexibilität, wieder mehr Sport zu treiben. Dabei ging es ihm am Anfang vor allem darum, abzunehmen und gesünder zu leben. Beim Laufen schottete er sich mit Kopfhörern vor der Umwelt ab. Die harten Beats gaben das Tempo vor und bestimmten seinen Rhythmus beim Laufen. Doch durch den regelmäßigen Sport fand er allmählich wieder Gefallen an der Natur:

> *„Das Naturerlebnis hat sich bei mir im Laufe der Zeit entwickelt. Am Anfang lief ich noch mit Musik und Kopfhörern. Irgendwann habe ich das gelassen und bemerkt, dass es ohne viel schöner ist. Und ich so die Umwelt tatsächlich erleben konnte. Von da an brauchte ich beim Laufen keine Beat-Unterstützung mehr, denn das Naturerlebnis an sich ist einfach schön und macht Spaß! Aber dafür musste ich mich erst einmal öffnen.“*

Durch immer längere Touren auf dem Rad nahm Mark die Natur und den Wechsel der vier Jahreszeiten wieder bewusst wahr:

„Aus der Triathlon-Perspektive das ganze Jahr mit dem Rad unterwegs zu sein, war für mich eine ganz neue oder neue, alte Erfahrung. Mal wieder was von der Umwelt mitzukriegen, wie beispielsweise den Erntezyklus. Im Frühjahr fährst du raus, das Ackerland wird grüner, irgendwann steht es in der vollen Pracht, und es wird geerntet. Aber auch, wie sich der Wald und die Landschaft verändern, ist grandios mitanzusehen.“

Wenn er von einer „neuen, alten" Erfahrung spricht, dann meint er damit die Erinnerungen aus seiner Kindheit. Die Wiederentdeckung der Natur und die damit verbundenen Erlebnisse bedeuten für ihn eine Lebensqualität, die er heute nicht mehr missen möchte:

„Das hat schon eine andere Qualität! Diese Erlebnisse sind etwas, was ich genieße und auch nicht mehr hergeben will. Das war nicht mein Ziel, sondern habe ich auf dem Weg zum Triathlon für mich entdeckt.“

Während manche Athleten durch den Spaß am Sport und der Bewegung in der freien Natur erst zum Triathlon kommen, war es bei Mark genau umgekehrt. Durch das regelmäßige Training für die Langdistanz nahm er die Umwelt wieder bewusst wahr und fand einen Zugang zur Natur.

WOLKENBRUCH IN DEN VORALPEN

So schön die Erlebnisse beim regelmäßigen Training in der freien Natur sind, können sie sich manchmal aber auch in das Gegenteil umkehren. Es war an einem Samstagmorgen, als Nick, ein guter Triathlon-Freund aus München, und ich in den Voralpen mit dem Rad unterwegs waren. Wir fuhren unsere Lieblingsrunde, die in Rottach-Egern am Tegernsee beginnt und durch die Berge bis an die Grenze zu Österreich führt. Sie hat viele Höhenmeter, geht durch den Wald und liefert atemberaubende Blicke auf die umliegenden Berge und Landschaften. An dem Tag fuhren wir am Wendelstein vorbei bis zum Tatzelwurm. Am Himmel zogen Wolken auf, und es wurde immer dunkler. *Sollten wir die ursprünglich geplante Tour weiterfahren oder aufgrund der unsicheren Wetterlage lieber umkehren?* Wir entschlossen uns zu Letzterem. Auf dem Rückweg machten wir manchmal am

Spitzingsee Halt, um uns noch ein Bier zu gönnen und die Aussicht zu genießen. Als wir diesmal dort ankamen, fing es jedoch bereits an zu tröpfeln. Wir hofften noch, dem Schlimmsten zu entkommen und fuhren direkt weiter in Richtung Tegernsee, anstatt im Restaurant Pause zu machen. Doch es kam, was kommen musste: Die paar Regentropfen entwickelten sich zu einem wahren Wolkenbruch. Innerhalb weniger Minuten waren wir klatschnass. Es war uns klar, dass es kein Zurück, sondern nur noch ein Vorwärts gab, um möglichst schnell zum parkenden Auto am Tegernsee zu gelangen. Als wir diesen „point of no return" erreicht hatten, begann es, mir Spaß zu machen. Ich fühlte mich wie ein kleines Kind, das im Regen spielt und in jede Pfütze springt. Wie ein kleiner Derwisch raste ich den Radweg entlang, wobei sich links und rechts eine Gischt vom Fahrwasser bildete. Es war schön, die Regentropfen im Gesicht und auf der Haut zu spüren. Die letzten Kilometer auf der steilen Abfahrt stiegen wir mehr auf die Bremsen, als in die Pedale zu treten. Vollkommen durchnässt und unterkühlt kamen wir nach knapp einer Stunde am Parkplatz an, zitterten am ganzen Leib, rubbelten uns mit dem Handtuch trocken und zogen im Auto frische Sachen an. Obwohl wir die Lüftung voll aufdrehten und auf höchste Temperatur stellten, war uns nach einer halben Stunde immer noch kalt. Dennoch strahlten wir übers ganze Gesicht und waren einfach nur glücklich, dass wir uns den Naturgewalten widersetzt hatten. Es war ein einmaliges Erlebnis, an das wir uns beide noch bis heute gut erinnern können.

Ähnlich geht es Patrick, der als Profi nicht nur bei Sonnenschein trainiert und auch mal von einem Wetterumschwung überrascht wird:

„Ich kann mich an Läufe bei tosendem Gewitter erinnern, die werde ich wahrscheinlich mein ganzes Leben nicht vergessen, weil diese Erfahrung des Grenzganges, die Angst, jeden Moment vom Blitz getroffen zu werden, tiefer unter die Haut geht als der normale Sonntagmorgenlauf bei 20 Grad und Sonnenschein."

Wie kommt es, dass diese Naturerlebnisse so gut in Erinnerung bleiben, während andere schneller wieder aus unserem Gedächtnis verschwinden? Natürlich hat es damit zu tun, der freien Natur ausgesetzt zu sein, mit der Angst und der Furcht, wenn um uns herum das Gewitter tost und Blitze einschlagen, aber es geht noch tiefer. Es geht im wahrsten Sinn unter die Haut. Der Mensch kann die natürliche Umwelt mit fünf verschiedenen Sinnesorganen wahrnehmen: visuell durch die Augen, auditiv durch die Ohren, taktil durch die Haut, olfaktorisch durch die Nase und gustatorisch durch die Zunge. Beim Radfahren und beim Laufen sind normalerweise die Fernsinne Sehen, Hören und Riechen involviert. Wenn wir in einen Wolkenbruch geraten, dann sind alle fünf Sinnesorgane direkt in hohem Maß beteiligt: Wir sehen nicht nur die Wolken, hören das Prasseln, riechen die sich verändernde Natur und den Duft der nassen Straße, sondern wir spüren den Regen auch auf der Haut und können das Wasser vermischt mit dem Salz unseres Schweißes auf der Zunge schmecken. Dadurch werden mehrere Synapsen im Kopf verbunden. Neurologisch gesprochen handelt es sich um eine Explosion der Sinne, die eine nachhaltige Verbindung eingehen und lange im Gedächtnis bleiben.

MENSCH ALS NATURWESEN

Die Bilder und die Beschreibung der Erlebnisse zeigen, dass der moderne Mensch nicht nur ein Kulturwesen, sondern nach wie vor ein Naturwesen ist. Selbst wenn ein Großteil der Weltbevölkerung in Städten lebt und sich mit Konsumgütern umgibt, kann der Mensch seine Herkunft nicht leugnen. Wir alle gehören zum „Homo Sapiens" [71], was Latein ist und übersetzt so viel bedeutet wie, „weiser, kluger, vernünftiger Mensch" (wobei diese Bezeichnung mit einer gewissen Hybris verbunden ist und angesichts globaler Herausforderungen wie dem Klimawandel in Zweifel gezogen werden kann). Wie archäologische Ausgrabungen zeigen, entwickelte sich der Homo Sapiens vor 200.000 Jahren in Ostafrika und breitete sich im Laufe der Zeit auf der ganzen Welt aus. Über 10.000 Generationen lebte der Mensch in kleinen Verbünden und zog als Jäger und Sammler umher. Er schlief im Freien und ernährte sich von dem, was die Natur hergab.

Viele Verhaltensweisen, die wir heute noch an den Tag legen, lassen sich durch unsere Vergangenheit als Naturwesen erklären, wobei wir uns dessen meist gar nicht bewusst sind. Ein Beispiel dafür ist die Ernährung. *Wie kommt es, dass süße Nahrungsmittel wie Kuchen oder Softdrinks so verführerisch für den Menschen sind?* Die Ursachen dafür liegen in der Zeit, in der Nahrungsmittel generell schwer erhältlich waren und häufig bitter schmeckten. Reife Früchte, die süß schmeckten und viele Kalorien hatten, waren extrem selten. Wenn eine Familie in der Savanne Afrikas oder in den Wäldern Europas umherzog und auf solche Nahrungsmittel stieß, dann war das ein Grund zur Freude für sie. Sie feierte ein kleines Fest und schlug sich den Bauch mit den süßen Lebensmitteln voll, bevor sie auf der Suche nach anderen Nahrungsmitteln weiterzog. Durch die Evolution ist das nach wie vor in unserem Gehirn programmiert. Der vererbte Heißhunger auf süße und fettige Nahrungsmittel ist neben mangelnder Bewegung und dem Marketing der Nahrungsmittelkonzerne ein Grund dafür, dass es im Jahr 2020 weltweit rund 1,9 Milliarden Menschen mit Übergewicht gibt. Davon sind 650 Millionen adipös. Sie leiden häufig an typischen Zivilisationskrankheiten wie Zucker, Herz-Kreis-lauf-Erkrankungen, Bluthochdruck oder erhöhtem Cholesterinspiegel, was ihre Lebensqualität einschränkt und die Lebenserwartung reduziert. Ein anderes Bei-spiel für den Einfluss der Evolution ist die Kampf-oder-Flucht-Reaktion in Stress-situationen („fight or flight"). Werden wir von einer Gefahr überrascht, oder sind wir mit einer Situation überfordert, kommt es zu einer schlagartigen Ausschüttung von Adrenalin, was uns befähigt, mutig zu kämpfen oder schnell zu fliehen. Wenn der Homo Sapiens vor 200.000 Jahren einem gefährlichen Raubtier in der Savan-ne von Ostafrika begegnete, war das eine wichtige Reaktion, um zu überleben. Sie lässt sich auch heute noch in Gefahrensituationen beobachten und anhand von physiologischen Faktoren messen. Ähnlich wie diese Reaktion ist auch die Liebe und die Nähe zur Natur fest in unserem Unterbewusstsein verankert.

Über Zehntausende von Jahren lebten wir in der freien Natur und waren di-rekt von den Jahres- und Tageszeiten abhängig. Wenn es kalt war und regnete, suchten wir Unterschlupf und versuchten, uns gegenseitig zu wärmen. Wenn die Sonne aufging, dann zogen wir auf der Suche nach Nahrungsmitteln umher oder spielten im Schatten eines Baumes. Wenn die Sonne unterging, dann war es Zeit zu schlafen. Evolutionshistorisch betrachtet sind wir direkt von der Natur in die Neuzeit gebeamt worden. Moderne Gebäude mit Heizungen und künstlichem Licht sind Errungenschaften der modernen Industrie- und Konsumgesellschaft. Sie gibt es erst seit etwa 150 Jahren. König Ludwig II. war einer der ersten, der sich beim Bau des Schlosses Neuschwanstein im 19. Jahrhundert eine Zentral-heizung und elektrisches Licht installieren ließ. Für die breite Masse sind diese Erfindungen erst seit dem 20. Jahrhundert verfügbar. Sie emanzipieren uns von der Natur und dem Wechsel der Jahreszeiten. Wir können unseren Tagesablauf frei gestalten und sind nicht mehr abhängig vom Tageslicht. Einerseits genießen wir die Flexibilität und den Komfort, andererseits zieht es uns aber auch immer wieder nach draußen in die freie Natur.

Diese tief verwurzelte Verbundenheit mit der Natur wurde in der Zeit der Corona-Pandemie besonders deutlich. Um den Verlauf abzumildern und die In-fektionsketten zu durchbrechen, verhängten viele europäische Länder wie Öster-reich, Italien und Spanien im Frühjahr 2020 totale Ausgangssperren, in der die

Menschen angewiesen waren, zu Hause zu bleiben. Deutschland verständigte sich auf weitgehende Ausgangsbeschränkungen. Die strengen Auflagen führten dazu, dass sich die Menschen – sofern sie das konnten – die Natur nach Hause holten. Sie pflanzten Kräuter, Gemüse, Obst und Blumen auf der Terrasse oder im eigenen Garten an. Sie freuten sich über die Schönheit der Blumen, das Wachstum der Pflanzen, die reifen Früchte und den intensiven Geschmack. Generell hat das „Urban Gardening" im Jahr 2020 enormen Zulauf erfahren. Nach der Lockerung der Ausgangssperren zog es die Menschen hinaus aus den eigenen vier Wänden. Sie suchten Zuflucht in der freien Natur, sei es im nahegelegenen Park oder in den umliegenden Wäldern und Wiesen, an Flüssen und Seen. Dort erholten sie sich von den psychischen Auswirkungen der Pandemie, die sich in der Angst vor einer Ansteckung, Existenzängsten oder Unsicherheit über den weiteren Verlauf ausdrückte.

Im Sommer 2020 nahmen alle Outdoor-Aktivitäten und Sportarten, wie Laufen, Wandern, Klettern oder Schwimmen, spürbar zu, wovon große Sportartikelhersteller profitierten. Die Nachfrage nach Fahrrädern und E-Bikes stieg so rasant, dass manche Händler in Deutschland komplett ausverkauft waren und die Hersteller nicht mehr liefern konnten. Wer als Triathlet schon seit Jahren aktiv ist, der wird den Unterschied extrem bemerkt haben. Nicht nur in der Stadt, sondern auch auf dem Land waren so viele Menschen wie noch nie unterwegs. Die körperliche Bewegung in der freien Natur tut den Menschen offenbar gut. Wenn sie ruhelos sind und ihre Gedanken aufgrund der Pandemie um negative Dinge kreisen, dann fühlen sie sich nach dem Spaziergang, dem Lauf oder der Fahrradtour wieder entspannter und ausgeglichener.

Die Wissenschaft beschäftigt sich seit geraumer Zeit mit den Wirkungen der Natur auf den Menschen. Eine Vielzahl von Studien zeigt, dass sich schon ein kurzer Aufenthalt in der Natur positiv auf die Physis und die Psyche des Menschen auswirkt.[72] Das alleinige Betrachten der Natur verringert den Blutdruck, den Puls und die Konzentration des Stresshormons Cortisol. Gleichzeitig wird das subjektiv empfundene Wohlbefinden gesteigert. Die Überzeugung von Natascha Badmann, dass der Wald eine therapeutische Wirkung hat, lässt sich anhand objektiv messbarer Parameter und subjektiver Einschätzungen wissenschaftlich gut belegen. Wenn sie im Gelände laufen geht, spricht die ehemalige Profi-Triathletin von Besuchen bei „Dr. Wald".[73] In der japanischen und chinesischen Kultur gibt es dafür einen Ausdruck, der sich „Shinrin-Yoku" nennt und so viel wie „Waldbaden" bedeutet. Ähnlich wie beim Baden im Meer oder im See taucht man in den Wald ein und nimmt ihn mit all seinen Sinnen auf.

Selbst wenn ein positiver Zusammenhang zwischen Natur und Menschen besteht und gut belegt werden kann, ist damit noch nicht klar, warum das so ist. *Wie lässt sich die positive Wirkung der Natur auf den Menschen erklären? Von welchen Bedingungen hängt es ab, dass die Natur eine solche Wirkung entfalten kann?* Diese Fragen sind wichtig für das Wohlbefinden des Menschen. Die Beantwortung hat praktische Implikationen für Stadtplaner, Landschaftsarchitekten, Förster und Gärtner, die die Natur in der Stadt, auf dem Land und im Wald gestalten. Die zwei Psychologen Rachel und Stephen Kaplan von der Universität Michigan beschäftigten sich intensiv mit diesen Fragen. Sie sind Pioniere auf dem Gebiet der Naturpsychologie und führten während der 1970er und 1980er Jahre zahlreiche Studien durch mit interessanten Erkenntnissen. Demnach gibt es vier Faktoren, die zur Erholung in der Natur beitragen: Wegsein, Faszination, Weite und Kompatibilität mit den eigenen Wünschen und Bedürfnissen.[74]

Wegsein bedeutet, dass wir uns am besten erholen, wenn wir Abstand vom Alltag haben, von den Routinen und den Pflichten, die das Berufsleben oder andere Tätigkeiten mit sich bringen. Ein solches Gefühl kann auch bei einer Tasse Kaffee in der Mittagspause oder einem Kinobesuch am Abend aufkommen, aber am besten gelingt es, wenn wir uns in der freien Natur bewegen. Welcher Triathlet kennt es nicht, wenn er am Abend nach einem langen Arbeitstag erschöpft nach Hause kommt und sich mit letzter Willenskraft auf das Rad schwingt oder die Laufschuhe schnürt, um noch eine Trainingseinheit zu absolvieren? Man kann in der freien Natur noch einmal kräftig den Kopf durchlüften und fühlt sich danach deutlich besser als vorher. Stehen am Wochenende Trainingseinheiten über längere Distanzen an, die an schönen Landschaften, Seen oder Flüssen vorbeiführen, dann verstärkt sich dieses Gefühl der Alltagsferne um ein Vielfaches. Führt es in unbekanntes Terrain, dann ist es wie ein kleines Abenteuer oder eine Expedition, bei der es Neues zu entdecken gibt. Aus dem Grund hat zum Beispiel Jan Frodeno in seinem Training immer mal wieder einen „New Bike Day" auf dem Programm, an dem er neue Routen ausprobiert und frische Eindrücke in der freien Natur sammelt.

Faszination kann ausgelöst werden durch schöne Sonnenaufgänge, Wolken, Nebelschwaden, eine Blumenwiese oder farbenprächtige Bäume. Die Natur ist reich an Motiven, die uns anziehen und die wir faszinierend finden.

Wie zuvor dargestellt, werden Bilder von Naturlandschaften häufig von Triath-leten in sozialen Medien geteilt. Wenn die Aufnahmen ansprechend sind, er-fahren sie von Followern hohen Zuspruch. Rachel und Stephen Kaplan stellten fest, dass wir uns gut erholen können, wenn wir eine natürliche Umgebung als faszinierend empfinden. Sie zieht uns mit ihrer Ästhetik in den Bann und lenkt die Aufmerksamkeit auf sich, ohne dass wir das auf Dauer als anstrengend emp-finden – im Gegensatz zu einem Museum, in dem wir normalerweise nach zwei bis drei Stunden ermüden, unabhängig davon, wie faszinierend die Ausstellung ist.

Weite finden wir vor allem in der Wildnis und in ländlichen Regionen – jenseits von Großstädten und städtischen Agglomerationsgebieten, aber auch auf engem Raum kann ein solcher Eindruck entstehen. So vermitteln kleine japanische Gärten manchmal das Gefühl von Weite und Verbundenheit. Die-ses Gefühl ist ein wichtiges Kriterium für den Erholungswert in der Natur. Ein bekanntes Sprichwort sagt: *„Schönheit liegt im Auge des Betrachters".* Umso erstaunlicher ist es, dass die meisten Menschen Landschaften mit sanften Wei-ten und ausladenden Bäumen bevorzugen. Am beliebtesten sind Landschaf-ten, die überschaubar und leicht zu erkunden sind, die viel Grün und einen hohen Wasseranteil haben. Dies gilt unabhängig davon, aus welchem Land die Menschen kommen oder welchem Kulturkreis sie angehören. Der empirische Befund, dass Weite und Wasser in Landschaften bevorzugt werden, lässt sich evolutionshistorisch erklären: Eine Landschaft, die überschaubar und leicht zu erkunden ist, reduziert die Gefahr, von Raubtieren überrascht und gefressen zu werden. Wasser ist seit jeher ein lebenswichtiges Element. Daher ziehen uns Landschaften mit Seen, Flüssen und Bächen magisch an. Unbewusst spie-len alle diese Elemente eine große Rolle, wenn Triathleten in der freien Natur trainieren.

Kompatibilität der natürlichen Umgebung mit den eigenen Wünschen und Bedürfnissen ist ein weiteres wichtiges Kriterium. Gemäß den empirischen Er-gebnissen von Rachel und Stephen Kaplan erholen wir uns am besten, wenn wir eine natürliche Umgebung vorfinden, die dem entspricht, was wir in dem Moment suchen, sei es Ruhe, eine schöne Aussicht oder Möglichkeiten zum Trainieren. Ein Alpensee mit Nebelschwaden und umliegenden Bergen mag wunderschön sein, aber wenn er zu kalt zum Schwimmen ist, dann deckt er sich nicht mit den Vor-stellungen eines Triathleten, der ein Schwimmtraining absolvieren will. Ähnlich verhält es sich mit einer schönen Berglandschaft, die unwegsam und nicht zum Radeln oder Laufen geeignet ist. Wenn die natürliche Umgebung wiederum Schwimmen, Radfahren und Laufen ermöglicht, kann sie für Triathleten ihre erholsame Wirkung entfalten.

Sind die vier genannten Faktoren gegeben, können wir uns am besten erholen. Gemäß der Aufmerksamkeits-Erholungs-Theorie[75] weckt die Natur unsere Aufmerksamkeit und trägt zur Erholung bei. Sie regt unseren Geist an, erlaubt uns aber gleichzeitig, noch andere Gedanken zu fassen. In einer natürlichen Umgebung, die wir als faszinierend empfinden und die unseren jeweiligen Zwecken entspricht, können wir über unmittelbare Probleme nachdenken, über das Leben und persönliche Ziele reflektieren. Der Soziologe Hartmut Rosa vergleicht die Natur mit einem Resonanzraum, der etwas in uns zum Schwingen bringt.[76] Ich denke, dass diese Erfahrungen in der freien Natur eine wichtige Rolle im Training spielen, wenn wir uns auf eine Langdistanz vorbereiten und dem Ausdauersport einen tieferen Sinn beimessen.

7 REISEN

Als ich ein kleiner Junge war, gab es noch keine Billigfluglinien. Fliegen war in den 1970er Jahren noch eine sehr exklusive Angelegenheit und für eine Familie kaum erschwinglich. Wir fuhren im Sommerurlaub immer mit dem Auto nach Italien an die Adriaküste. Dort brachte mir mein Opi auch das Brustschwimmen bei. Vor dem Strand von Rimini gab es ein paar künstlich angelegte Felsbrocken im Wasser, um die Wellen aufzuhalten. Als Kind kamen sie mir vom Ufer aus sehr weit weg vor. Objektiv gesehen werden es wohl kaum mehr als 150 Meter gewesen sein. Ich weiß noch, wie ich in Begleitung meines Großvaters das erste Mal die Felsen erreichte und darauf herum kletterte. Es war ein großer Moment für mich. Später traute ich mich sogar hinter die Felsen, wo der Wellengang viel stärker war. Ich nehme an, es liegt an diesen positiven Kindheitserinnerungen, dass ich mich beim Schwimmen im Meer sehr wohl fühle und dabei noch nie Angst hatte.

Mit dem Markteintritt von Billigfluglinien wie Ryanair oder easyJet veränderte sich die gesamte Luftfahrtindustrie in den 1990er Jahren. Flugreisen wurden für die Mehrheit der Menschen erschwinglich. Es gibt viele Athleten, die sich in ein Flugzeug setzen, um den kalten Wintermonaten zu entfliehen oder um ein Trainingslager in der Sonne zu genießen. Während ihrer Profikarriere verbrachte Natascha Badmann jedes Jahr mehrere Wochen auf Gran Canaria, um sich auf die bevorstehende Triathlonsaison vorzubereiten. Das Reisen spielte für sie eine wichtige Rolle. Es war ihr sogar so wichtig, dass sie dafür bewusst auf Mehreinnahmen verzichtete. Als sie 1996 beim Ironman Hawaii als Newcomerin sensationell den zweiten Platz erzielte, wäre es für sie lukrativ gewesen, sich ausschließlich auf die Langdistanz zu konzentrieren und Antrittsprämien bei großen Rennen zu kassieren. Sie entschied sich jedoch dagegen und machte nach wie vor Kurzdistanzen, um mehr von der Welt zu sehen und ihren Horizont zu erweitern:

„Hätte ich mich ausschließlich auf die Langdistanz konzentriert, hätte ich bei zwei, maximal drei Wettkämpfen im Jahr starten können. Das kam mir fast langweilig vor, ich wollte die Welt sehen und möglichst viele Rennen kennenlernen. Aus Sicht der Geschäftsfrau war diese Entscheidung falsch, meinen Horizont als Mensch erweiterte das Reisen jedoch ungemein. Ich hatte Spaß an der Abwechslung, und das wirkte sich positiv auf meine Motivation aus."[77]

Während Reisen für Triathlonprofis ein Bestandteil ihres Berufs sind, haben Altersklassen-Athleten die Wahl, ob sie zu Hause trainieren und eine Langdistanz in der Nähe ihres Heimatortes bestreiten oder in die Ferne schweifen und den Triathlon mit Reisen verbinden wollen. Der Triathlonsport stellt eine Option dar, die Urlaubszeit aktiv zu verbringen und neue, gleichgesinnte Menschen kennenzulernen. In meiner Untersuchung zeigt sich: Keiner der Triathleten, mit denen ich sprach, hat wegen des Reisens mit dem Triathlon begonnen, doch alle, für die der Ironman zum Lebensstil geworden ist, verbinden im Laufe der Zeit schöne Reisen und entsprechende Erlebnisse damit. Exemplarisch dafür steht die Aussage von Nadine:

„Zuerst hat das Reisen keine große Rolle gespielt. Doch dann war ich mit meinem Freund zum Radfahren auf Mallorca. Mittlerweile haben Reiseerlebnisse eine sehr große Bedeutung für mich. Mein Trainingspartner Mark und ich hatten uns beide für die Ironman WM 70.3 in Nizza qualifiziert. Das war ein Erlebnis, das ich nie vergessen werde. Es war das erste Mal, dass ich an der Cote d'Azur war. Das war total schön."

Ähnlich äußert sich ihr Trainings- und Geschäftspartner Mark, der in der Zwischenzeit mehrere Trainingscamps im Süden Europas verbrachte und in naher Zukunft weitere Reisen mit dem Ironman verbinden möchte:

„Irgendwie hat es mittlerweile auch Erlebnischarakter. Mallorca kannte ich vorher nicht. Teneriffa habe ich über den Triathlon entdeckt. Und auch auf Fuer-

teventura war ich zuvor noch nie. Für 2021 habe ich mich für den Ironman in
Barcelona angemeldet, und in Zukunft würde ich gerne ein Rennen in Amerika
bestreiten. Es gibt so viele Wettkämpfe auf der ganzen Welt, so dass man den
Sport wunderbar mit Reisen verbinden kann."

Mark finishte seinen ersten Ironman 2019 in seiner Heimatstadt Frankfurt und plant in Zukunft, den Triathlon mit größeren Reisen zu verbinden. Es ist typisch für Triathleten, dass sie ihre erste Langdistanz in der Nähe ihres Heimatortes wählen. Psychologisch lässt sich das gut erklären: Da der Ironman ein großes Abenteuer mit vielen Unbekannten ist, bleiben sie erst einmal in vertrauter Umgebung, in der sie sich wohl fühlen und die Strecke gut kennen. Wenn sie ihr erstes Finish erlebt haben und das Abenteuer Ironman besser einschätzen können, schweifen viele Athleten in die Ferne. Grundsätzlich gibt es drei Möglichkeiten, Triathlon mit Reisen zu verbinden: ein Trainingslager, einen Wettkampf oder eine längere Auszeit, in der beides miteinander verbunden werden kann.

TRAININGSLAGER AUF LANZAROTE

Im Frühjahr 2014 plante Florian ein Trainingscamp auf Lanzarote als Vorbereitung auf die bevorstehende Triathlonsaison und sein großes Ziel, den Sieg bei der Ironman 70.3 Weltmeisterschaft. Um nicht allein trainieren zu müssen, suchte er nach geeigneten Partnern, die ihn begleiten wollten und zudem genauso leistungsstark waren. Ähnlich ging es Nils, Tom und Westy, die sich alle vorher nicht kannten. Durch Florians Anfrage in einer WhatsApp Triathlon-Gruppe, kamen sie in Kontakt. Nach einem ersten Treffen entschieden sie sich, zu viert aufzubrechen. Sie buchten zwei Apartments auf Lanzarote, in denen sie gemeinsam wohnten, trainierten, kochten, aßen, redeten und viel Spaß miteinander hatten. Sie verstanden sich auf Anhieb alle sehr gut und sind auch heute noch immer Freunde, die sich ab und zu treffen, gemeinsam ein Bierchen trinken und in Erinnerungen schwelgen:

„Vom Trainingslager erzählen wir heute noch, egal, ob vom Abendessen, bei
dem wir uns Dutzende Kugeln Eis reingestopft haben oder von speziellen
Ausfahrten, bei denen wir so viel Gegenwind hatten, dass einer von uns kom
plett hochgegangen ist. Es sind so viele Momente, die wir zusammen geteilt
haben."

Trainingslager bei Sonnenschein auf Lanzarote.

Dabei spielen die gemeinsamen Erlebnisse eine wichtige Rolle:

„Eine Ausfahrt im Regen, durch die du dich mit jemand anderem durchkämpfst, der mit dir leidet, ist manchmal schöner als die 100. Solo-Ausfahrt bei strahlendem Sonnenschein."

So wurde aus einer Zweckgemeinschaft eine gute Freundschaft. Auf dem Foto sind Florian, Nils, Tom und Westy mit ihren Fahrrädern zu sehen. Sie wirken fit, durchtrainiert und zufrieden. Der Sonnenschein, der blaue Himmel und das Meer zeigen, warum so viele Triathleten zu Beginn eines Jahres zum Trainieren auf die Kanarischen Inseln oder nach Mallorca fliegen. Das Trainingslager ist eine sehr spezielle Situation, in der man andere mit ihren Eigenarten kennenlernt, vor allem, wenn man ein Zimmer oder Apartment teilt:

„Unter einer Extrembelastung lernst du den Charakter eines Menschen relativ schnell kennen. Wenn du körperlich am Limit bist, dann fällt recht schnell die

Maske, und du stellst fest, wer wirklich dahintersteckt. Du lernst dich in kür-
zester Zeit einfach wahnsinnig gut kennen, wofür andere vielleicht zwei Jahre
benötigen. Die Komplexität, das Zusammenleben, das Training, die Extrembe-
lastung, die gemeinsamen Höhen und Tiefen – das ist das Besondere daran."

VERLOBUNG IN SÜDAFRIKA

Eine zweite Möglichkeit, den Ironman mit Reisen zu verbinden, ist ein Wettkampf
im Ausland. Weltweit gibt es schätzungsweise 100 Triathlons über die Langdistanz.
Christine Waitz gibt in ihrem Buch „Traumziel Triathlon" einen Überblick über die
schönsten Wettkämpfe. Die meisten davon werden von der World Triathlon Corporation (WTC) angeboten, die die Markenrechte für den Ironman hat. Das global ausge-
richtete Unternehmen bietet insgesamt 40 Ironman-Rennen auf sechs verschiedenen
Kontinenten an. Neben der offiziellen Weltmeisterschaft auf Hawaii finden Qualifikationsrennen in fernen Ländern wie beispielsweise Argentinien, Australien, Brasilien,
Kanada, Korea, Malaysia, Mexiko und Südafrika statt. Als ich vorschlug, mal beim
Ironman Südafrika in Port Elizabeth zu starten, war meine Partnerin Mirjam sofort
Feuer und Flamme. Meine Eltern schlossen sich unseren Urlaubsplänen an und be-
gleiteten uns auf der Reise. Gemeinsam fuhren wir entlang der Garden Route von
Port Elizabeth nach Kapstadt, wo der dreifache Ironman Hawaii Sieger Jan Frodeno
aufgewachsen ist und seine ersten Erfahrungen mit dem Triathlon machte.[78]

Die Begegnung mit den wilden Tieren von Südafrika hat uns am meisten be-
eindruckt und blieb uns unvergesslich in Erinnerung. Im Addo-Elefanten-Natio-
nalpark nördlich von Port Elizabeth sahen wir viele dieser herrschaftlichen Tiere.
Sie zählen zu den größten an Land lebenden Säugetieren, leben im Familienver-
bund und sind ausgesprochen sozial, was wir auf unserer Tour in einer Szene
beobachten konnten, die an Dramatik kaum zu überbieten war: Wir fuhren mit
einem Jeep durch den Nationalpark und hielten in der Nähe eines Wasserlochs,
um einer kleinen Elefantenherde beim Trinken zuzuschauen. Dabei sahen wir, wie
eines der Jungtiere nicht mehr aus dem Wasser herauskam und immer wieder an
der steilen Böschung abrutschte. Mit der Zeit wurden die Bewegungen des kleinen Elefanten immer hektischer, mit dem Resultat, dass er noch weiter abrutschte
und im Schlamm versank. Es war deutlich zu sehen, wie die Kräfte nach mehreren
Versuchen immer weiter schwanden. Das Jungtier drohte, im Schlamm zu versin-
ken oder zu ertrinken. In dieser kritischen Situation kamen drei Elefanten aus der
Herde hinzu und halfen dem Jungtier mit vereinten Kräften. Einer schubste es von

Elefanten im Nationalpark

Neugierige Giraffe im Wildtierreservat

hinten, und die anderen beiden griffen es von der Seite mit den langen Rüsseln, um es über die Böschung an Land zu bugsieren. Dort angekommen, stand es am Anfang noch ein wenig wackelig auf den Beinen, bis es sich schließlich trollte und zu seiner Mutter lief. In einer anderen Situation kam eine Elefantenfamilie direkt auf uns zu und trottete gemütlich vor dem Auto an uns vorbei. Dadurch konnten wir sie aus nächster Nähe beobachten, was uns in Staunen versetzte und fast den Atem raubte.

Im Schotia Wildtierreservat sahen wir neben Löwen, als Könige der Tiere, auch Antilopen, Krokodile, Nilpferde, Nashörner und Zebras. Dabei schossen wir das Bild von einer Giraffe, die uns neugierig anschaute und zu fragen schien: *Was macht Ihr hier in meinem Wohnzimmer?*

Als Abschluss der schönen Reise mit den vielen Eindrücken fand am 13. April 2008 der Ironman Südafrika in Port Elizabeth statt. Die Stadt mit den weitläufigen, weißen Stränden am Indischen Ozean hieß die Athleten schon an den Eingangstoren willkommen. Der Start des Rennens lag am Strand Hobie, und war fußläufig vom Haus unserer südafrikanischen Gastfamilie zu erreichen. Nachdem ich mich in den Neoprenanzug gequält hatte, verabschiedete ich mich mit einem Kuss von Mirjam. Sie hatte Angst um mich beim Schwimmen im Meer. Ich beruhigte sie jedoch und versprach ihr, heil wieder zurück zu kommen. Ich war einerseits nervös, freute mich aber andererseits auch auf den längsten Tag des Jahres. Früh am Morgen waren alle Athleten am Strand versammelt. Die Spannung stieg, bis pünktlich um sieben Uhr der erlösende Startschuss fiel und alle ins Wasser stürmten. Der Schwimmkurs führte 300 Meter direkt hinaus aufs offene Meer, bevor dieser eine Linkskurve nahm und wir den Strand entlang wieder zurückschwammen. Ich kam mit 1:04 Stunden aus dem Meer und freute mich sehr darüber. Das Radfahren war für mich eine große Wundertüte, da ich über die Wintermonate nicht im Trainingslager war und keine langen Einheiten fahren konnte. Die Radstrecke ging über zweimal 90 Kilometer. Gleich zu Beginn erwartete uns ein langer Anstieg, bevor es auf relativ flacher Strecke ins Landesinnere ging. Der Rückweg führte am Meer entlang. Der Blick in die Weite gab mir unheimlich viel Energie, und ich schien auf diesem Streckenabschnitt förmlich zu fliegen. Am Ende betrug die Zeit für den Radsplit 5:30 Stunden. Der abschließende Marathon führte über den Marine Drive entlang der Küste bis hinaus zur Nelson-Mandela-Universität. Die Hauptstraße war gesäumt von Zuschauern, Einheimischen, Familien und Freunden, die die Athleten anfeuerten. Es herrschte eine schöne, ausgelassene Atmosphäre. So erreichte ich nach insgesamt

10:44 Stunden noch vor dem Sonnenuntergang glücklich und zufrieden das Ziel. Aus meiner Sicht war es einer der schönsten Wettbewerbe, an denen ich bislang teilgenommen hatte. Kein Wunder, dass der Ironman Südafrika schon mehrmals von den Athleten zu einer der beliebtesten Veranstaltungen gewählt wurde. Nicht nur bei den Altersklassen-Athleten, sondern auch bei den Profis steht der Ironman Südafrika hoch im Kurs: Ironman-Größen wie Ben Hoffmann, Chrissie Wellington, Daniela Ryf und Natascha Badmann traten bei diesem Wettbewerb an und konnten sich erfolgreich in die Siegerliste eintragen.

Am nächsten Morgen standen bereits das Einpacken und die Rückreise auf dem Programm. Bevor uns die Gastfamilie mit dem ganzen Gepäck zum Flughafen fuhr, gingen Mirjam und ich noch einmal am Strand spazieren, wo wir uns am Tag zuvor noch morgens mit einem Kuss verabschiedet und am Abend beim Finish wieder in die Arme geschlossen hatten. Es war nicht wirklich geplant, aber dieser Moment fühlte sich einfach so gut an, dass ich den Zeitpunkt, nach drei Jahren des Zusammenlebens, als goldrichtig empfand, um dort am Strand um Mirjams Hand anzuhalten. So fragte ich sie genau an der Stelle, an der wir vorher schon so viele Emotionen erlebt hatten: *„Willst du meine Frau werden?"* Der Verlobungsring, mit dem ich meinen Antrag machte, war aus echten südafrikanischen Diamanten, die in der Sonne strahlten und funkelten. Obwohl sichtlich überrascht, antwortete Mirjam freudestrahlend mit *„Ja!"* und machte unser Glück perfekt, das bis heute anhält. Vor kurzem feierten wir unseren 11. Hochzeitstag, und wir erinnern uns oft an die einmaligen Reiseerlebnisse und schönen Momente, die wir gemeinsam in Südafrika erlebten.

SABBATICAL IN NEUSEELAND

Eine dritte Möglichkeit, den Ironman mit Reisen zu verbinden, sehe ich in einer Auszeit, in der man mehrere Monate im Ausland verbringt, mit Gleichgesinnten trainiert und mit einem Wettkampf über die Langdistanz kombiniert. Für mich ergab sich die Gelegenheit zu einem solchen Sabbatical im Jahr 2000 nach der Abgabe meiner Habilitationsschrift an der Universität St. Gallen. Um den langen und kalten Wintermonaten in der Schweiz zu entfliehen, richtete sich mein Blick auf das andere Ende der Welt. Letzten Endes fiel meine Wahl auf Neuseeland, das von der Natur her unglaublich viel zu bieten hat und wo das Klima gemäßigter ist als in Australien. Ausgangspunkt meiner Planung war der Ironman Neuseeland 2001. Um mich darauf vorzubereiten, suchte ich nach Anschluss und geeigneten Trainingsmöglichkeiten vor Ort. Bei meiner Internetrecherche stieß ich auf einen

Verlobung in Südafrika

Schweizer, der aus Liebe zu seiner Freundin nach Neuseeland ausgewandert war. Er bot Radtraining in geführten Gruppen an und vermittelte Gastfamilien, bei denen man für längere Zeit wohnen konnte. Das entsprach genau meinen Vorstellungen. So ergab es sich, dass ich fast ein halbes Jahr in Neuseeland verbrachte.

Im November kam ich nach einer langen Flugreise in Christchurch auf der Südinsel Neuseelands an. Der Schweizer holte mich am Flughafen ab und brachte mich zu meiner Gastfamilie. Am nächsten Tag stand bereits das erste gemeinsame Radtraining an. Obwohl wir gemütlich fuhren, war mein Puls einige Schläge höher als normal. Das hing nicht nur mit den Strapazen der langen Reise zusammen, sondern auch mit der Zeitumstellung. Als wir die erste Einheit um die Mittagszeit fuhren, war es für meine innere Uhr noch mitten in der Nacht. Nachdem ich mich bei der Gastfamilie gut eingewöhnt und einige Wochen trainiert hatte, entschloss ich mich, eine Rundreise mit dem Rad zu unternehmen, um die Südinsel besser kennenzulernen. Als ich meinen Trainingspartnern davon erzählte, schloss sich eine Triathletin an, so dass wir zu zweit loszogen. Kurzentschlossen packten wir unsere Rucksäcke und fuhren von Christchurch in Richtung Arthur's Pass Nationalpark. Dabei handelt es sich um die Neuseeländischen Alpen, die geprägt sind von Hochgebirge, Bergflüssen und tiefen Schluchten. Die Passhöhe liegt auf 920 Metern. Am ersten Tag hatten wir unentwegt Gegenwind, und mit den Höhenmetern war der Anstieg sehr beschwerlich. Da war es von großem Vorteil, dass wir gemeinsam unterwegs waren und uns abwechselnd Windschatten boten.

An der Westküste angekommen, gönnten wir uns zwei Ruhetage bei einer Gastfamilie in Greymouth. Wir paddelten mit einem Kajak auf dem Grey River und machten einen Abstecher zu den „Pancake Rooks", einer Felsformation, die vor 30 Millionen Jahren entstand und aus Kalkstein und Ton besteht, die unterschiedlich schnell erodieren. Die Felsen sehen aus wie übereinander geschichtete Pfannkuchen, woher sie ihren Namen haben. Auf dem Rückweg fuhren wir über den Lewis Pass nach Hammer Springs, einem bekannten Thermalbad, in dem wir unsere müden Knochen im heißen Wasser ein wenig erholten. Auf dem letzten Teilabschnitt von Hammer Springs nach Christchurch begegneten wir einem amerikanischen Ehepaar, das mit einem Tandem unterwegs war. Da wir ungefähr das gleiche Tempo hatten, kamen wir ins Gespräch und hielten zum gemeinsamen Mittagessen an. Wir tauschten unsere Erlebnisse aus und waren uns darin einig, dass Neuseeländer sehr gastfreundlich sind – insbesondere zu Radfahrern. Der Ehemann hatte dazu zwei interessante Erklärungen:

> „Radfahrer sind den Widrigkeiten der Natur schutzlos ausgeliefert, sei es dem Wind, der Sonne oder dem Regen. Daher sind sie besonders schutzbedürftig. Neuseeländer heißen andere Menschen gerne willkommen und gewähren Radfahrern den notwendigen Schutz in den eigenen vier Wänden. Hinzu kommt, dass Radfahrer kleine Abenteurer sind. Sie sammeln Erfahrungen und haben interessante Erlebnisse, die sie gerne teilen. Die Gastgeber hören den Geschichten von der Ferne gerne zu und projizieren ihre Sehnsüchte auch ein Stück weit in die Radfahrer, die wie Nomaden im Land umherreisen."

Wenn wir in einem B&B übernachteten, dann war es nicht selten, dass uns die Gastgeber an der Schwelle ihres Hauses verabschiedeten und uns ein bisschen sehnsüchtig nachblickten. Als ich in den darauffolgenden Wochen mit meiner damaligen Freundin auf der Nordinsel mit dem Mietauto unterwegs war, kam es nicht zu solchen Abschiedsszenen, wie ich sie als Radfahrer erlebt hatte. Insofern teile ich die Erklärungen des radelnden Philosophen.

Der Ironman Neuseeland fand am 3. März 2001 auf der Nordinsel statt. Den Triathlon gibt es bereits seit 1985. In den ersten Jahren wurde das Rennen in der Hauptstadt Auckland ausgetragen. Seit 1999 findet es jeweils im März am Lake Taupo statt. Der See hat eine Gesamtfläche von 622 km^2 und ist damit größer als der Bodensee oder der Genfer See. Er liegt in der Mitte der Nordinsel und ist umgeben von einer beeindruckenden Landschaft mit schneebedeckten Bergen. Im Jahr meiner Teilnahme starteten rund 900 Athleten bei diesem Rennen. Mit Cameron Brown gewann erstmals in der Geschichte des Ironman Neuseeland ein Einheimischer. In den Vorjahren kamen die Sieger vor allem aus Amerika oder Deutschland. So trugen sich unter anderem Dirk Aschmoneit (1991), Stefan Holzner (1995, 1996), Lothar Leder (1997) und Thomas Hellriegel (2000) in die Siegerliste ein. In den Folgejahren konnte Cameron Brown den Ironman Neuseeland noch zwölfmal gewinnen, womit er wohl einen Rekord für die Ewigkeit aufstellte. Bei der Weltmeisterschaft auf Hawaii wurde er zweimal Zweiter (2001, 2005). Mein erfolgreiches Finish beim Ironman Neuseeland in 11:21 Stunden war ein grandioser Abschluss einer spannenden Auszeit mit vielen Erlebnissen und Eindrücken vom anderen Ende der Welt.

LUST UND LAST DES REISENS

Für Amateure, die ihr Geld nicht mit Triathlon verdienen und die lediglich ein- oder zweimal im Jahr wegfliegen, um ein Trainingslager im Süden in der Sonne zu absolvieren oder einen Wettkampf zu bestreiten, ist das Reisen vor allen Dingen mit Lustgewinn verbunden. So ging es auch Daniela, die sich nach dem Abitur einen langgehegten Wunsch erfüllte und nach Australien reiste. Dort entschloss sie sich, eine Profilizenz zu erwerben, um diese Zeit durch Preisgelder zu finanzieren. So erkundete sie unbeschwert und abenteuerlustig die halbe Welt. Ihr Ironman-Debüt gab sie 2009 in Mexiko, wo sie bei der Mitteldistanz 70.3 in Cancún auf Anhieb den zweiten Platz belegte. Auch nach der Geburt ihres Sohnes Marlon war die Organisation von Trainingslagern im Süden weiterhin möglich, da sie immer eine Begleitperson hatte, die während der Sporteinheiten auf das Baby aufpasste.

Die Aufnahme in das Triathlon-Team von „Erdinger Alkoholfrei" ermöglichte es Daniela, ihr Hobby zum Beruf zu machen und den Hochleistungssport mit dem Reisen zu kombinieren. Mit dem Sponsoring gehen aber auch Verpflichtungen einher. Neben Trainingslagern und Triathlon-Rennen über unterschiedliche Distanzen hat Daniela jedes Jahr eine Reihe von Presse- und

Sponsorenterminen, die ein fester Bestandteil ihres Berufes als Profisportlerin sind. Sie ist jedes Jahr mehr als vier Monate beruflich unterwegs. Dabei ist das Reisen im wahrsten Sinne des Wortes „schwerer" geworden. Wenn sie zu Wettkämpfen oder ins Trainingslager fährt, hat sie viel Material zu transportieren:

> *„Dadurch, dass sich der Sport mehr und mehr professionalisiert, habe ich viel mehr Material dabei. Früher war ich deutlich spartanischer unterwegs, heute überlasse ich nichts mehr dem Zufall, es muss immer alles perfekt sein. Mit so viel Gepäck zu reisen, ist etwas, das ich nach meiner Karriere nicht vermissen werde. Aber auch unabhängig vom Gepäck empfinde ich das viele Reisen als deutlich anstrengender als früher. Es ist inzwischen weniger Erlebnis und viel mehr Teil meines Berufes geworden."*

Insofern hat Daniela in der Zwischenzeit ein ambivalentes Verhältnis zum Reisen bekommen. Es ist Lust und Last zugleich für sie. Einerseits ist sie gerne unterwegs, sieht schöne Orte, lernt neue Länder kennen und begegnet interessanten Menschen. Andererseits ist sie aber auch gerne zu Hause bei ihrer Familie und genießt das Gespräch mit guten Freunden. Ähnlich äußert sich Sebastian Kienle. Im April 2020 postete er auf Instagram:

> *„In the last years I had the feeling that I get a little bit tired of traveling that much. We've been on the road for more than 240 days. But now I realize that I LOVE this. But even more I miss the people that we meet on these trips. In the last years we've always been to Tucson, Phoenix and St. George during spring. I'm wondering how all these people are doing?"*

Vor Corona war Sebastian Kienle zwei Drittel des Jahres unterwegs und ein wenig reisemüde. Durch die Corona-bedingten Mobilitätseinschränkungen wird ihm jedoch bewusst, wie sehr er die internationalen Reisen und die damit verbundenen Kontakte liebt. Durch das Reisen kann man viele neue Freundschaften knüpfen, Erfahrungen sammeln und den eigenen Horizont erweitern. Es ist aber auch mit erheblichen Umweltbelastungen verbunden. Die Debatte um die Umweltverträglichkeit des Triathlons steht aus meiner Wahrnehmung noch am Anfang. Während die Wissenschaft seit Jahren zum Klimawandel und seinen Folgen forscht, die Politik sich auf die Ziele für eine nachhaltige Entwicklung verständigt hat und in der Öffentlichkeit seit Greta Thunberg über „Flugscham" diskutiert wird, hält sich die Triathlongemeinde zu diesem Thema relativ bedeckt. *Liegt es daran, dass der Triathlon mit seinen drei Ausdauersportarten Schwimmen, Radfahren und Laufen so gesund ist und als naturnah gilt?* Bei der Deutschen Triathlon Union (DTU) mit über 1.500 Vereinen und 58.000 Mitgliedern spielt die Nachhaltigkeit keine große Rolle. In der Sportordnung der DTU wird vor allem auf das „Littering" hingewiesen, das unerlaubte Wegwerfen von Abfällen außerhalb der dafür vorgesehenen Entsorgungsbereiche. Es ist ausdrücklich untersagt und kann zur Disqualifikation des Athleten während des Wettkampfs führen. Zweifelsohne sind Abfälle ein Umweltproblem bei einer großen Veranstaltung und für alle gut sichtbar, aber Littering zu verbieten, hat eher mit der Bewilligung und den Auflagen der Behörden zu tun als mit aktivem Umweltschutz.

Nimmt man eine ganzheitliche Betrachtung für die Reise zu einem Wettkampf oder in ein Trainingslager vor, dann ist der internationale Flugverkehr die ökologische Achillesferse des Triathlons. Um das an einem Beispiel zu verdeutlichen: Für meinen Hin- und Rückflug von der Schweiz nach Neuseeland wurden etwa 13.000 kg CO_2 emittiert. Das ist deutlich mehr als die durchschnittlichen CO_2-Emissionen eines Deutschen pro Jahr (9.150 kg). Man könnte sich die Zahlen dadurch schönreden, dass die Flüge für eine längere Auszeit über mehrere Monate bestimmt waren, aber letztendlich bleibt es bei einem relativ hohen CO_2-Verbrauch, der weit über dem Jahresdurchschnitt liegt. Schaut man sich die CO_2-Bilanz der Flüge zu einem Trainingscamp auf die Kanarischen Inseln an, dann schlagen sie mit circa 1.400 kg pro Person zu Buche. Das entspricht etwa den durchschnittlichen CO_2-Emissionen eines Philippinen während eines ganzen Jahres. Sebastian Kienle ist als Profi normalerweise einen Großteil des Jahres auf Reisen. Als Vielflieger ist er für die Thematik sensibilisiert:

> *„Gleichzeitig ist mein Sport nicht gerade minimalinvasiv, was die Umweltbelastung angeht. Ich liege weit über dem durchschnittlichen CO_2-Fußabdruck in Deutschland. Der beträgt 11,4 Tonnen CO_2 pro Jahr – bei mir sind es knapp 30 Tonnen."*[79]

Die Auswirkungen des globalen Klimawandels nimmt er selbst bewusst wahr und bekommt sie persönlich zu spüren:

> *„Ich bin viel in der Welt unterwegs, da sieht man schöne Sachen, aber auch die weniger schönen, wie die Auswirkungen des Klimawandels. In Grabouw in Südafrika zum Beispiel ist der See, in dem ich vor einigen Jahren bei einem*

Rennen geschwommen bin, inzwischen komplett verschwunden. Durch mein tägliches Training verbringe ich auch viel Zeit in der Natur. Sicher freue ich mich über einen schönen milden und sonnigen Tag im Februar. Aber wenn es beim Ironman Frankfurt im Sommer regelmäßig an die 40 Grad Celsius hat, sieht das anders aus."[80]

Seit einigen Jahren gibt es die Möglichkeit, die CO_2-Emissionen für Flüge freiwillig zu kompensieren. Das heißt, man kauft Emissionszertifikate, mit denen die jeweils emittierte Menge an CO_2 in Klimaschutzprojekte investiert wird (z.B. Projekte zur Aufforstung von Wäldern oder zur Förderung von erneuerbaren Energien in Entwicklungsländern).[81] Grundsätzlich ist die Idee gut, aber es gibt Schwierigkeiten bei der Berechnung, dem Monitoring, der Verifizierung und der Zertifizierung von Emissionen, was zur Intransparenz am Markt und zur Skepsis bei den Verbrauchern führt. Außerdem heben Kritiker hervor, dass es sich bei den Emissionszertifikaten um eine Art modernen Ablasshandel handelt – analog zum Ablasshandel der Kirche im Mittelalter. Man kauft sich mit den Emissionszertifikaten von seinen Klimasünden frei, ohne jedoch am eigenen Verhalten etwas zu verändern. Sebastian Kienle geht über die freiwillige Kompensation hinaus. Er investiert auch in Solarparks, die von seinem neuen Sponsor „hep" in der ganzen Welt konzipiert, aufgebaut und betrieben werden. Damit geht er weiter als viele andere Triathleten und übernimmt eine Vorbildfunktion, aber er ist sich der Grenzen seines Handelns bewusst und merkt im Interview mit dem Fachmagazin tritime an:

„Aber ohne Einschränkung wird es nicht gehen. Wir haben zum Beispiel kein eigenes Auto mehr. Sondern teilen uns eins mit meinen Schwiegereltern. Dazu viele weitere Kleinigkeiten. Wenn jeder einen kleinen Beitrag leistet, werden die Einschnitte später nicht ganz so gravierend sein."

In Zeiten von Corona, in denen der internationale Flugverkehr erheblich eingeschränkt ist, bieten manche Veranstalter vermehrt Triathloncamps in Deutschland, Österreich und der Schweiz an. Es wird interessant sein zu beobachten, ob es sich dabei nur um ein kurzfristiges Phänomen handelt, oder ob es angesichts von Klimawandel und Flugscham zu einer Re-Regionalisierung im globalen Geschäft des Triathlons über die Langdistanz kommt.

8 FREUNDE

Wer an Triathlon denkt, insbesondere an einen Ironman, stellt sich schnell einen Einzelkämpfer vor, der einsam seine Runden dreht und vollkommen auf den Sport fokussiert ist, der morgens vor der Arbeit ins Wasser springt, in der Mittagspause die Laufschuhe schnürt und sich abends nach der Arbeit noch auf das Rad schwingt. Diese Klischees stammen aus einer Zeit, in der im Training noch das Motto galt: *„Viel hilft viel!"* und dem sportlichen Erfolg alles untergeordnet wurde. Doch das hat seinen Preis, wie Florian über den Moment seines größten sportlichen Erfolges erzählt:

> *„Irgendwann erreichte ich dann das, wofür ich jeden Tag so hart gekämpft hatte: Ich stand ganz oben auf dem Siegerpodest. Die Leute jubelten mir zu. Ich war der gefeierte Held. Ich quoll geradezu über vor Endorphinen und spürte am ganzen Körper, wie sich Erfolg anfühlt. Ein paar Stunden später saß ich im Hotelzimmer auf dem Bett, mit einer bescheuerten Medaille in der Hand und fühlte mich einfach nur alleine. Draußen der gefeierte Held, daheim ein einsames Würschtel."[82]*

Zweifelsohne gibt es auch heute noch Einzelkämpfer, die alles dem Triathlon unterordnen, aber in den letzten Jahren hat der Sport großen Zulauf erfahren, und die Szene ist mitten im Wandel. Die Gruppe der Leistungsorientierten wird ergänzt durch die

Lebensstilorientierten, für die das Training und der Ironman zwar ein wichtiger Bestandteil ihres Lebens ist, jedoch nicht alles komplett überlagert. Der Sport steht neben Beziehungen und Beruf. Niklas Bock von „Pushing Limits" schreibt als Kenner der Szene über die neue Generation und ihre Einstellung zum Triathlon in seinem Blog:

> *„Ich erlebe den Triathlon mittlerweile anders, jünger und viel entspannter. Die neue Generation des Sports betreibt Triathlon nicht mehr als Mittelpunkt des Lebens, sondern als Teil davon. Triathlon steht nicht mehr an erster Stelle, der Sport muss und soll kompatibel mit gemeinschaftlichen Erlebnissen sein."*[83]

In der Vorbereitung auf die Challenge Roth 2014 besuchte Torsten ein Trainingslager auf Mallorca. Dort lernte er drei Triathleten kennen, zwei Frauen und einen Mann, die dasselbe Ziel hatten. Sie wohnten in der Nähe von München, und so ergab es sich, dass sie den gesamten Winter über bei eisigen Temperaturen gemeinsam trainierten.

> *„Wir waren sportlich ziemlich nahe beieinander und hatten ungefähr das gleiche Level – das hat richtig gut funktioniert. Diese Wintermonate waren eine sehr intensive Zeit, in der richtige, enge Freundschaften entstanden sind. Wir haben heute noch Kontakt. Wir sehen uns zwar seltener, weil jeder seinen Weg gegangen ist und sportlich etwas anderes macht, aber die Gemeinschaft, die da entstanden ist, gerade in diesem Winter und in diesem Jahr, das ist schon was Besonderes."*

Soziale Kontakte und Geselligkeit spielen eine wichtige Rolle für Torsten. So ging es ihm auch in einem Trainingscamp auf Mallorca, das regelmäßig von triathlon-szene.de angeboten wird:

> *„Wir waren eine ziemlich lockere Runde, von Topathleten mit einer Finisherzeit unter 9 Stunden bis zum 15-Stunden-Athleten. Ich fand es besonders nett dort, weil alle nicht so verbissen waren. Tagsüber fuhr man in verschiedenen Radgruppen, aber abends saß man zusammen und trank gemeinsam ein Bier. Das war echt eine super Gemeinschaft. Mir ist das wichtig. Ich bin nicht der Überehrgeizige. Ich will einfach mit coolen Leuten und Freunden eine schöne Zeit verbringen."*

Es war auch in einem Trainingslager, in der sich Faris Al-Sultan und Patrick Lange näher kennenlernten und Freunde wurden.

FREUND, MENTOR UND TRAINER

Faris Al-Sultan ist der dritte Deutsche, der nach Thomas Hellriegel und Normann Stadler den Ironman Hawaii gewinnen konnte. Es sind jedoch nicht die Erfolge allein, sondern seine einzigartige Persönlichkeit und die Art und Weise, wie er bei und neben den Rennen auftritt, die ihn zur Triathlon-Ikone machen. Der Name legt nahe, dass er einen kulturell gemischten Hintergrund hat: Seine Mutter ist Deutsche, sein Vater Iraker und sein Dialekt bayerisch. In seiner Zeit als aktiver Leistungssportler fiel er unter anderem dadurch auf, dass er bei Hitze-Rennen lediglich ein kurzes Top und Badehose trug. Unvergesslich ist der Moment, als er so beim Ironman Hawaii 2005 mit bayerischer Flagge als Erster durchs Ziel lief. In Interviews sagt er stets offen seine Meinung. Er äußert sich auch zu kontroversen Themen und positioniert sich klar, sei es zu Doping im Ausdauersport oder – in jüngster Vergangenheit – zu den Einschränkungen der verfassungsmäßigen Grundrechte während der Corona-Pandemie. Er nimmt kein Blatt vor den Mund und trägt sein Herz auf der Zunge.

Im Frühjahr 2015 absolvierte Faris gemeinsam mit Patrick ein Trainingslager auf Fuerteventura. Sie trainierten täglich miteinander und lernten sich sportlich und menschlich näher kennen. Es war der Beginn einer engen Freundschaft zwischen den beiden. Jeden zweiten Tag fuhren sie im Zentralmassiv von Fuerteventura an zwei großen Bronzestatuen vorbei, welche die ehemaligen Könige Ayose und Guize darstellen. Irgendwann kam Patrick aus Jux die Idee, dort nur mit einer Badehose bekleidet ein Foto zu machen – als eine Art Reminiszenz an die Rennen von Faris, die er meist in diesem Outfit bestritten hatte. Für Patrick weckt das Bild schöne Erinnerungen und hat dadurch Symbolcharakter:

„Dann haben wir uns auf einer langen Tour die Badehosen in die Radtrikottasche gesteckt, haben da oben blankgezogen, die Badehosen angezogen und schnell das Foto gemacht. Das ist im Nachhinein eine coole Erinnerung, weil es für mich den Startpunkt der Zusammenarbeit mit Faris symbolisiert.“

Patrick und Faris auf
Fuerteventura 2015

Patrick gefielen die Lockerheit und die Herangehensweise von Faris während des Trainingscamps. Halb im Spaß, halb im Ernst sagte er daher zu Faris: *„Wenn du deine aktive Zeit als Leistungssportler beendest, dann nimmst du mich unter deine Fittiche und wirst mein Trainer."* Im folgenden Sommer war es dann so weit. Nach dem Ironman Texas kündigte Faris den Rücktritt von seiner aktiven Karriere als Profisportler an. Zum Ende der Triathlonsaison bekam Patrick von ihm einen Anruf: *„Wie sieht es aus? Willst du immer noch von mir trainiert werden?"*. Da musste Patrick nicht lange überlegen und sagte spontan zu. Damit war er der erste Profi-Triathlet, der von Faris als Trainer betreut wurde. Im Oktober 2015 begann die Zusammenarbeit, die für Patrick den Übergang von der Mittel- zur Langdistanz bedeutete. Von Anfang an sprach Faris sehr offen mit seinem neuen Schützling:

> *„Wenn du jemanden suchst, der dich zum Hawaii-Champion macht, dann bin ich der Falsche für dich. Du hast zu wenig Talent, du bist zu klein, du hast die Hebel nicht. Und es sieht auch nicht schön aus, wenn du Sport machst."*

Ob gewollt oder nicht, die deutlichen Worte entmutigten Patrick nicht, sondern stachelten ihn eher an. Sein Ehrgeiz war geweckt: *„Für mich war Faris immer ein Vorbild – daher wollte ich es ihm beweisen, dass ich es konnte."* Darüber hinaus machte Faris klar, dass sich Triathlon im Spitzenbereich nicht mit einem Nebenjob verträgt. Zu diesem Zeitpunkt arbeitete Patrick noch halbtags als Physiotherapeut, um seinen Lebensunterhalt zu verdienen. Nach dem Gespräch fasste er jedoch einen folgenreichen Entschluss: Patrick kündigte seinen Halbtagsjob und setzte alles auf eine Karte. Er wurde Voll-Profi und widmete sich nur noch dem Sport. Der klare Fokus und die gemeinsame Zusammenarbeit mit Faris zahlten sich schnell aus: Bereits im Mai 2016 siegte Patrick beim Ironman Texas mit deutlichem Vorsprung und lief im selben Jahr bei der Ironman Weltmeisterschaft auf Hawaii dank einer neuen Marathon-Bestzeit auf den 3. Platz – was nicht nur für ihn selbst vollkommen überraschend war. Beim Zieleinlauf sah man das freudige und zugleich ungläubige Gesicht von Patrick, der sein Glück kaum fassen konnte. In den folgenden zwei Jahren stand er auf Hawaii sogar ganz oben auf dem Siegerpodest.

Für Patrick war Faris eine Kombination aus Trainer, Mentor und Freund. Er hebt die besondere Bedeutung von Faris für seine Karriere und seinen Lebensweg hervor:

> *„My team plays a huge role in my journey as an athlete. And there is one really special person that influenced me a lot - Faris Al-Sultan. He is more than just a coach!"*

Mein Team spielt eine große Rolle auf meinen Weg als Athlet, und es gibt eine spezielle Person, die mich in besonderem Maße beeinflusst hat – Faris Al-Sultan. Er ist für mich nicht nur ein Coach und Mentor, sondern auch ein guter Freund. Später fügt er hinzu:

> *„During the last 4 years Faris was by my side as a mentor and coach. It's been a friendship that went beyond triathlon."*

In den vergangenen vier Jahren war Faris als Mentor und Coach an meiner Seite. Wir haben eine Freundschaft, die weit über den Triathlon hinausgeht. Obwohl Patrick 2020 den Trainer wechselte, um neue Impulse zu bekommen, ist er mit Faris nach wie vor gut befreundet. Sie halten Kontakt und tauschen sich regelmäßig aus. Ähnlich geht es mir mit meinem Schweizer Freund Richie, den ich seit über 20 Jahren kenne.

DEUTSCH-SCHWEIZER FREUNDSCHAFT

Insgesamt lebte ich zwölf Jahre in der Schweiz, um an der Universität St. Gallen zu promovieren und zu habilitieren. Das Leben und Arbeiten auf dem Campus ist eine Welt für sich. Es ist wie ein Mikrokosmos auf dem Rosenberg von St. Gallen. Die international geprägte Wissenschaftsgemeinde kommt selten näher mit der lokalen Bevölkerung in Kontakt. Ohne den Sport hätten Richie und ich uns wahrscheinlich nie kennengelernt. Die sprachlichen, kulturellen und beruflichen Barrieren wären vermutlich zu groß gewesen. Er ist Schweizer und ausgebildeter Elektromechaniker, der mit Wissenschaft wenig am Hut hat. Ich bin Deutscher und Wissenschaftler mit zwei linken Händen. Als ich ihn im Fitness Center ansprach, weil ich von seinem Ironman auf Hawaii gehört hatte, war sein erster Gedanke: *„Was will der Deutsche von mir?"* Ich erzählte ihm von meinem Vorhaben, im nächsten Jahr selbst einen Ironman zu bestreiten. Er musterte mich von oben bis unten und meinte angesichts meines sichtbaren Übergewichts nur lapidar: *„Mutig!"*

Mit der Zeit erkannte er jedoch die Ernsthaftigkeit meines Anliegens. Wir trainierten nicht nur zusammen, sondern er stand mir auch mit Rat und Tat zur Seite. Als ich mir einen neuen Tacho kaufte und vollkommen falsch am Lenker montierte, zog er mich als *„der Professor"* auf und richtete es als erfahrener Mechaniker wieder. Wahrscheinlich hätte ich es ohne ihn und seine Hilfe nicht einmal an die Startlinie meines ersten Triathlons geschafft, geschweige denn das Ironman-Finish. Was jedoch noch mehr zählte: Er war da, als mein Selbstwertgefühl total am Boden lag (vgl. Kapitel 2). Er baute mich in einer für mich schwierigen Zeit wieder auf und gab mir die nötige Kraft. Das war der Beginn und ein wichtiges Fundament unserer einzigartigen Freundschaft.

Im Laufe der Jahre unternahmen wir unzählige Touren am Bodensee und durch das Appenzeller Land. Über das Wochenende fuhren wir auch längere Touren durch die Schweizer Alpen und am Luganer See, wo seine Mutter wohnt. Es waren jedoch nicht nur die gemeinsamen Erlebnisse, sondern auch die guten Gespräche, die ich als Bereicherung empfand. Er eröffnete mir durch seine Sichtweise neue Horizonte, die mir sonst verwehrt geblieben wären. So brachte er mich auf die Idee, für eine Weile nur halbtags zu arbeiten, um den Sommer und das Leben zu genießen. Es war eine schöne Zeit und verschaffte mir auch die geistige Flexibilität, nach meiner Habilitation das Sabbatical in Neuseeland anzugehen. Seit 2003 bin ich Professor an der TU München. Durch die räumliche Entfernung können Richie und ich nicht mehr gemeinsam trainieren und sehen uns seltener, aber wir sind immer noch sehr gut befreundet.

Für Männer ist es typisch, dass sie im Rahmen ihrer Freundschaft gemeinsam Sport treiben, etwas unternehmen und sich praktische Hilfestellung leisten. Für Frauen spielt der persönliche Austausch und die gegenseitige emotionale Unterstützung dagegen eine große Rolle. Gute Freundschaften sind jedoch nicht auf das gleiche Geschlecht beschränkt, sondern können auch zwischen Frau und Mann entstehen, wie das Beispiel von Nadine und Mark zeigt.

LEBENSWANDEL UND NEUE FREUNDE

Nadine arbeitete früher in der Modebranche, war in ihrem Umfeld als „Partygirl" bekannt und regelmäßig im Frankfurter Nachtleben unterwegs. Bei einem feucht-fröhlichen Junggesellinnenabschied verlor sie eine Wette. Als sie am nächsten Morgen aufwachte, erinnerte sie sich mit Schrecken daran, dass sie für den Frankfurt City Triathlon 2017 angemeldet war. Der Volksmund sagt: *„Wettschulden sind Ehrenschulden"*. Also nahm sie die Wette im wahrsten Sinne des Wortes „sportlich", kaufte sich ein Rennrad und ging mehrmals wöchentlich trainieren. *„Binnen sechs Wochen habe ich es von feucht-fröhlich auf der Freßgass in Frankfurt bis zur Finish Line bei der Olympischen Distanz geschafft"*, erzählt sie. Sie selbst war am meisten überrascht davon, dass sie nach ihrem ersten erfolgreichen Triathlon dermaßen Feuer gefangen hatte, dass sie sich vornahm – mit zwei Jahren Vorbereitung – beim Ironman Frankfurt zu starten. Das neue Ziel führte zu einem einschneidenden Wandel in ihren Lebensgewohnheiten. Sie fing an, ihr Leben zu *„entschlacken"* und sich auf das Wesentliche zu konzentrieren. Dies bezog sich nicht nur auf ihre Ernährungsweise und Äußerlichkeiten wie Schuhe, Taschen und Klamotten, sondern auch auf ihren Bekanntenkreis:

„Ich bin früh morgens aufgestanden, um sechs Stunden Rad zu fahren. Das passte nicht mit einer Party bis in die Puppen zusammen. So stellt man mit der

Zeit fest, wer die wirklichen Freunde sind oder diejenigen, die dich nur mochten, weil du auf einer Party lustig warst und mit ihnen getrunken hast. So habe ich dann nicht nur meine Handtaschen abgespeckt, sondern nach und nach auch meinen Bekanntenkreis."

Neben ihrem bestehenden Freundeskreis kamen neue Freunde aus dem Sportbereich hinzu. Sie schloss sich „Spiridon Frankfurt" an, einem Lauf- und Triathlonverein, der regelmäßige Schwimm-, Lauf- und Radtrainings anbietet. Dort lernte sie auch Mark kennen, mit dem sie in Vorbereitung auf den Ironman Europe fast täglich gemeinsam trainierte. Sie lagen auf demselben Leistungsniveau und verstanden sich von Anfang an gut. Durch die vielen Trainingseinheiten bei Wind und Wetter, die gemeinsamen Erlebnisse und den regelmäßigen Austausch entstand im Laufe der Zeit eine enge Freundschaft, die von Verständnis für den Extremsport und von Vertrauen gekennzeichnet ist. Diese bildete auch die Basis für das Unternehmen „Stealth Parts", das Nadine und Mark 2019 gemeinsam gründeten.

Mark und Nadine nach dem Ironman Frankfurt 2019

Mark sagt zu ihrer Beziehung:

„Nadine spielt als Trainingspartnerin und mittlerweile auch Geschäftspartnerin eine bedeutende Rolle in meinem Leben. Mit niemand anderem verbringe ich so viel Zeit wie mit ihr. Das funktioniert super. Die Freundschaft ist mir sehr wichtig."

Der Ausgangspunkt für ihr gemeinsam gegründetes Unternehmen war ein spezifisches Nutzerbedürfnis, das ihnen gleichzeitig auffiel: Wenige Monate vor ihrem ersten Ironman unterhielten sich Nadine und Mark darüber, welches Trinksystem sie für ihre Zeitfahrräder verwenden könnten. Sie hatten beide das gleiche Modell, waren jedoch unzufrieden mit den verfügbaren Angeboten am Markt. Sie fanden trotz intensiver Suche kein aerodynamisches Trinksystem, das von Funktion und Design her zu ihren Zeitfahrrädern gepasst hätte. In der folgenden Zeit beschäftigten sie sich immer intensiver mit Computer-Aided Design (CAD), unterschiedlichen Kunststoffmaterialien und Fertigungstechniken. Anstatt nur einen Prototyp für sich selbst zu entwickeln und als 3D-Druck zu erstellen, reifte der Entschluss, unternehmerisch tätig zu werden. Sie wollten ihr Hobby zum Beruf machen und ihren Lebensunterhalt damit verdienen. So kam es ein halbes Jahr später zur Gründung von „Stealth Parts", einem Unternehmen, das Sportzubehör und aerodynamische Fahrradteile für den Triathlon- und Radsport entwickelt und vertreibt. Dabei profitieren Nadine und Mark natürlich von ihren eigenen Erfahrungen im Triathlon, tauschen sich aber auch mit anderen Triathleten aus und lassen deren spezifische Bedürfnisse einfließen.

In einer bekannten und vielzitierten Studie zur Identität von Unternehmensgründern in der Sportartikelbranche finden die Professoren Emmanuelle Fauchart und Mark Gruber heraus, dass es drei unterschiedliche Typen gibt: Darwinians, Communitarians und Missionaries.[84] Darwinians orientieren sich vor allem am Wettbewerb und verfolgen primär ihr Eigeninteresse. Communitarians sind ein Teil der Gemeinschaft, die sie mit ihren Produkten unterstützen und von der sie unterstützt werden. Missionaries verfolgen gesellschaftliche Ziele und wollen mit ihren Produkten die Welt ein bisschen besser machen. Nadine und Mark sehen sich als Hybrid zwischen Darwinians und Communitarians. Einerseits trainieren sie regelmäßig für den nächsten Wettkampf und fühlen sich eng mit der Triathlongemeinde verbunden, andererseits sehen sie ihr neues Unternehmen aber auch als Geschäft, von dem sie in Zukunft leben wollen. Interessanterweise gibt es in Deutschland einige junge Unternehmen, wie beispielsweise Sailfish oder Ryzon, die sich auf den Triathlonbereich spezialisiert haben und eine ähnliche Gründungsgeschichte aufweisen. Sailfish fokussiert sich auf die Entwicklung und den Handel von Neoprenanzügen. Das Unternehmen wurde von Ex-Profi Jan Sibbersen gegründet, der als einer der schnellsten Schwimmer im Triathlon gilt und beim Ironman Hawaii den Streckenrekord im Schwimmen über 3,8 Kilometer mit 46:29 Minuten hält. Ryzon bietet Sport- und Freizeitbekleidung an, die den Kriterien der Funktionalität, Design und Nachhaltigkeit in hohem Maß gerecht werden. Die beiden Gründer Mario und Markus Konrad sind Brüder, die für Triathlonteams in der Zweiten Bundesliga starteten und dem Sport auch heute noch mit Leidenschaft nachgehen. Jan Frodeno als dreifacher Ironman Hawaii-Sieger war von den Produkten so überzeugt, dass er als Gesellschafter in das Unternehmen einstieg und die Bekleidung im Training und bei seinen Wettkämpfen trägt. Den Gründern dieser Unternehmen ist gemeinsam, dass sie ihr Hobby und ihre Leidenschaft zum Beruf gemacht haben und so eine Mischung aus Darwinians und Communitarians sind.

Wenn man einen extremen Ausdauersport wie den Langdistanz-Triathlon betreibt, dann kann das sehr vereinnahmend sein, was bei Freunden außerhalb des Sports manchmal auf Unverständnis stößt. Daher hält sich Mark dort mit seiner Leidenschaft für den Triathlon eher zurück:

„Wenn man Ironman macht, dann braucht man ein paar Leute, die das auch machen, weil es so extrem ist, dass andere Leute damit nichts anfangen können und weil man sich gerne über das Thema unterhält. Ich hätte schon Bedenken, andere meiner Freunde ständig damit zu belästigen."

Cynthia sieht das ähnlich. Sie definiert sich nicht nur über den Sport und differenziert zwischen verschiedenen Lebenswelten. Durch eine Laufgruppe hat sie einen großen Bekanntenkreis, den sie sehr schätzt und mit dem sie vieles teilt, sei es beim Training oder über ihren Instagram-Account. Wenn es jedoch in diesem Kreis nur noch um Laufzeiten und Wettkämpfe geht, dann empfindet sie das als anstrengend, und es wird ihr mit der Zeit zu viel. Das hielt sie bisher auch davon ab, ein geführtes Trainingslager zu besuchen, in dem es den ganzen Tag nur noch um Sport geht. Daher pflegt sie bewusst einen Freundeskreis, der wenig oder nichts mit dem Sport zu tun hat und mit dem sie andere Gemeinsamkeiten teilt.

Ähnlich geht es Patrick als Profi. Er hat einen Freundeskreis außerhalb des Sports, der ihm sehr wichtig ist, aber durch Training, Reisen und berufliche Verpflichtungen seiner Meinung nach leider häufig zu kurz kommt.

In den drei geschilderten Fällen war das Training für den Ironman der Ausgangspunkt für die Freundschaften, die daraus entstanden sind. Das Training, der Wettkampf und die damit verbundenen Erlebnisse sind die gemeinsame Basis und der Kitt für diese Freundschaften. Es wäre jedoch weit gefehlt, sie nur darauf zu reduzieren. Durch den regelmäßigen Kontakt, die Aktivitäten, das Zusammensein und die Gespräche beim und abseits des Sports, lernt man den anderen im Laufe der Zeit näher kennen und akzeptieren – mit all den Stärken und Schwächen, die jeder Mensch hat. Durch die gemeinsamen Erlebnisse entsteht ein enges Band. Es entwickelt sich ein tieferes Verständnis, etwas Persönliches und Authentisches, das über den Sport hinausgeht. Solche Freunde können in Schlüsselmomenten des Lebens eine wichtige Unterstützung sein, sei es, dass sie mit Rat und Tat zur Seite stehen, praktische Hilfe leisten oder einfach nur da sind. Sie erweitern unser Selbstbild und eröffnen uns neue Horizonte. Sie können uns auch Mut machen, etwas anzupacken, das wir uns vorher nicht zugetraut hätten, wie beispielsweise den Wechsel des Berufs oder eine längere Reise ans andere Ende der Welt. Allein aus Zeitgründen beschränken sich solch enge Freundschaften für jeden auf nur wenige Menschen. Manche haben auch nur einen „besten Freund" bzw. eine „beste Freundin". Im nächsten Kapitel geht es um soziale Beziehungen zu einer Gruppe von Menschen, die ähnliche Werte teilen und für die der Triathlon eine wichtige Rolle im Leben spielt.

9 GRUPPEN- ZUGEHÖRIGKEIT

Menschen sind soziale Wesen, die nicht nur Zweier-Beziehungen wie enge Freundschaften pflegen, sondern verschiedenen Gruppen angehören. Henri Tajfel, Professor für Sozialpsychologie, definiert eine Gruppe allgemein als *„eine Ansammlung von Individuen, die sich selbst als Mitglieder der gleichen sozialen Kategorie wahrnehmen, einen emotionalen Bezug zu dieser gemeinsamen Selbstordnung aufweisen und ein gewisses Maß an sozialen Konsens über die Beurteilung der Gruppe und ihre Mitgliedschaft erlangen.“*[85] Diese Definition umfasst Kleingruppen ebenso wie größere Gruppen mit einer Vielzahl von Menschen. Ein direkter Kontakt und regelmäßiger Austausch zwischen den Mitgliedern einer Gruppe sind nicht unbedingt notwendig. Es reichen die Wahrnehmung und der emotionale Bezug, um die Gruppenzugehörigkeit zu begründen. Größere Gruppen in diesem weiten Verständnis beruhen unter anderem auf Geschlecht, Nationalität, Beruf oder Hobby. Jeder Mensch gehört gleichzeitig mehreren Gruppen an, und je nach Situation spielen sie eine unterschiedlich große Rolle für ihn. Triathleten, die eine Langdistanz absolvieren, fühlen sich der Gruppe der Ironman zugehörig. Die magischen Worte *„You are an Ironman!“* beim Überqueren der Finish Line sind wie ein Ritual zur Aufnahme in die große Ironman-Familie.

„OHANA": GROSSE IRONMAN-FAMILIE

„Ohana" ist ein hawaiianischer Begriff, der soviel wie Familie bedeutet. Dabei kann es sich auch um den erweiterten Familienkreis oder eine Gemeinschaft handeln, die dieselben Werte teilt und füreinander eintritt. In Erinnerung an ihren ersten Wettkampf auf Hawaii im Jahr 1982 spricht die Triathlon-Ikone Julie Moss davon, wie sie als Rookie von der Ironman-Gemeinschaft mit offenen Armen aufgenommen wurde:

> „I discovered Kailua-Kona was filled with welcoming members of a brand-new tribe. The Hawaiian word for family is 'Ohana', and I'd just found mine. I didn't realize how much I craved a support system or how much I'd thrive under the positive mentorship of hundreds of endurance athletes. My newfound Ohana made workouts feel less like work and more like fun."[86]

In Vorbereitung auf ihre erste Langdistanz erfuhr Julie offenbar demnach eine große sportliche und moralische Unterstützung. Sie fühlte sich gut aufgehoben und angekommen in ihrer neuen Familie von Ausdauerathleten, die einen aktiven Lebensstil pflegten und gemeinsame Werte teilten. Im Frühjahr 1982 starteten mehr als 500 Athleten beim Ironman Hawaii, aber im Vergleich zur heutigen Zeit war das Starterfeld immer noch überschaubar. Neben der Kameradschaft der Triathleten fiel Julie noch etwas anderes auf:

> „I felt something else too: a palpable camaraderie between people who probably (and obviously, in some cases) were rebels, social outcasts, or 'different' in the eyes of conventional society. Well, they were different: they were smarter, more fit, and about to something crazier than anyone I knew."[87]

Aus der Sicht der „normalen" Gesellschaft, die Ausdauersport als Ausgleich betrieb und die gesundheitlichen Aspekte in den Vordergrund stellte, waren Triathleten Verrückte, die ihre Gesundheit aufs Spiel setzten. Sie wurden als Außenseiter betrachtet, die obsessiv Sport trieben und das Extreme suchten. Ein Beispiel für diesen Typus ist Gordon Haller, der Gewinner des ersten Ironman. Während seiner Studienzeit trainierte er mehrmals täglich und trieb derart exzessiv Sport, dass sein geschwächtes Immunsystem zusammenbrach. Infolgedessen bekam er Pfeiffersches Drüsenfieber, Hepatitis und Angina innerhalb von nur wenigen Monaten. Nach dem Studium der Physik hielt sich Gordon mit Gelegenheitsjobs über Wasser. Er fuhr lieber Taxi, statt einem geregelten Beruf nachzugehen, um mehr Sport treiben zu können. Tom Warren, der Sieger des Ironman Hawaii 1979, war in sportlicher Hinsicht genauso verrückt. Von ihm wird unter anderem erzählt, dass er wegen einer Wette 400 Sit-ups in einer Sauna machte. Der Wetteinsatz war eine Flasche Bier. John Dunbar, der zweimal Zweiter wurde, steht Gordon Haller und Tom Warren in nichts nach: Während des Ironman Hawaii 1979 tobten orkanartige Stürme, die das Meer aufwühlten. Von 50 Athleten meldeten sich zwei Drittel wieder ab, weil sie bei den Bedingungen um ihr Leben fürchteten. Lediglich 15 gingen an den Start. John Dunbar war einer davon. Er trat mit einem Superman-Kostüm an, das ihm seine Schwester genäht hatte. Als sich einer der Teilnehmer zur Wasserkante traute, fragte ein anderer: *„Wie sind die Bedingungen?"* *„Schrecklich"*, lautete die Antwort. Darauf meinte John Dunbar bloß: *„Gut!"*[88] Der Ironman mit seinen langen Distanzen zog offenbar die Sportverrückten an, die bereit waren, sich körperlich alles abzuverlangen und an die Grenze ihrer Leistungsfähigkeit zu gehen. Auf sie übte das Extreme einen besonderen Reiz aus. Sie fanden Gleichgesinnte, mit denen sie ihren Spleen ausleben konnten. Die öffentliche Wahrnehmung als Außenseiter verstärkte das Zusammengehörigkeitsgefühl innerhalb der Ironman-Gruppe und trug zur Kohäsion – zum Zusammenhalt – bei.

In den 1980er und 1990er Jahren, in denen die Teilnehmerzahlen an Triathlon-Wettbewerben explosionsartig stiegen und es zu einer Kommerzialisierung mit Sponsoren und Preisgeldern kam, wurde das Gefühl der Zugehörigkeit zur großen Ironman-Familie vor allem durch die unmittelbare Nähe zu den Topathleten vermittelt. In Sportarten wie Fußball, Basketball oder Tennis sind Profis von Amateuren in der Regel getrennt. *Einmal mit Lionel Messi eine Runde kicken, mit Dirk Nowitzky ein paar Körbe werfen oder mit Rafael Nadal ein Trainingsmatch spielen?* Das dürfte schwer werden, es sei denn bei einer Wohltätigkeitsveranstaltung. Anders beim Triathlon: Superstars und Profisportler starten im selben Rennen wie Hobbysportler. Schon vor dem Start kann man sie beim Einchecken und in der Wechselzone sehen. Man kann hautnah miterleben, wie sie die letzten Handgriffe erledigen und ihr Fahrrad einrichten. Morgens stehen sie mit allen an der Startlinie und warten wie die Altersklassen-Athleten mit einer Mischung aus Anspannung und Vorfreude auf den Startschuss. Im Rennen kann man auf einem Rundkurs auch mal von einem amtierenden Hawaii-Sieger beim Radfahren oder Laufen überholt werden.[89]

Nicht nur die Hobbysportler zollen den Spitzensportlern großen Respekt, sondern die Profis erkennen auch die Leistung der Amateure an, die neben dem Sport meist noch einen Vollzeitjob und Familie haben. Beim Ironman ist es Tradition, dass der Sieger die Letzten, die erst kurz vor dem Zeitlimit um Mitternacht das Ziel erreichen, persönlich empfängt und beglückwünscht. Diese

Geste ist ein Stück gelebte Kultur der Ironman-Familie. Sie betont den Gemein-schafts- und Finisher-Gedanken und macht auch den Spirit des Ironman aus. Alle Athleten, egal ob Profi oder Amateur, Frau oder Mann, jung oder alt, haben dieselbe Strecke bewältigt. Jan Frodeno hebt die Bedeutung dieser Tradition hervor:

„Probably one of the most important traditions of Ironman is, that we like to stay or go back to the race site to receive the last finisher often at midnight. The fact that we are a community that celebrates that finisher spirit. It is the mental fortitude being on the same course and being there at the same time and just living the drama."

Eine der wichtigsten Traditionen beim Ironman ist, dass die Erstplatzierten die Letzten, die durch das Ziel laufen, gebührend empfangen und beklatschen. Damit wird der Finisher-Gedanke hochgehalten und sichtbar für alle in der Gemeinschaft gelebt.

Eine weitere Möglichkeit, den Triathlon-Stars näher zu kommen, ist bei der Siegerehrung und der Award-Party mit gemeinsamem Buffet. 1996 fand der Laguna Phuket Triathlon als eines der größten Rennen der Welt mit einem Preisgeld von insgesamt 100.000 US$ statt. Allein der Sieger bekam 25.000 US$, was da-mals mehr war als auf Hawaii. Zu den Teilnehmern gehörten unter anderem Mark Allen, Simon Lessing, Mike Pigg und Greg Welch, die besten und bekanntesten Triathleten aus den 1990er Jahren. Fernsehstationen auf der ganzen Welt berich-teten über das Rennen. Für Richie, der erst zwei Jahre zuvor mit dem Triathlon begonnen hatte, war es ein einmaliges Erlebnis, als Newcomer mit den Stars der Szene an einer Startlinie zu stehen und beim Abschiedsbuffet direkt mit ihnen in Kontakt zu kommen:

„Am eindrücklichsten war mein erster Triathlon auf Phuket, wo ich mich für Hawaii qualifiziert habe. Da waren die Superstars vom Langstrecken-Triath-lon mit dabei. Sie wurden eingeladen, bekamen eine Antrittsprämie und lo-gierten im Fünf-Sterne-Hotel. Dieser Triathlon war das Abschiedsrennen von Mark Allen als Profi. Das war für mich als Newcomer unglaublich, dass die Sportstars am Nebentisch saßen oder wir uns am Buffet trafen und ins Ge-spräch kamen. Das ist, als würde ein Hobby-Tennisspieler plötzlich neben Roger Federer stehen."

Richie (Mitte) mit Mark Allen und Simon Lessing

Auf dem Foto ist Richie eingerahmt von den Triathlon-Stars Mark Allen und Simon Lessing zu sehen, die die ersten beiden Plätze beim Laguna Phuket Triathlon 1996 belegten. Richie zeigt freudestrahlend und stolz die Urkunde mit dem Zertifikat, das ihn für den Ironman Hawaii qualifizierte.

Eine ähnliche Begegnung hatte ich mit Faris Al-Sultan beim Ironman Germany in der Wechselzone. Ich wollte beim Bikeservice schnell noch eine Kleinigkeit an meinem Rad checken lassen und stand dafür in der Schlange. Auf einmal fiel mir auf, dass Faris Al-Sultan direkt hinter mir wartete. Da auch ich am Vortag aus München angereist war, kamen wir ins Gespräch. Er war sehr nahbar und locker. Alles andere als ein überheblicher Superstar, obwohl er da bereits den Ironman Hawaii gewonnen hatte. Am Ende des Gesprächs signierte er mir meinen neuen Aero-Helm, den ich mir extra für das Rennen in Frankfurt gekauft hatte. Beflügelt von dieser Begegnung fuhr ich am nächsten Tag eine neue persönliche Bestzeit von 5:16 Stunden auf dem Rad und finishte in 10:15 Stunden.

Aero-Helm signiert von Faris Al-Sultan

Bei meinem ersten Ironman ging ich noch mit unrasierten Beinen an den Start. Später zog mich Richie bei Ausfahrten immer wieder mit meinem „Winterpelz" auf. Er machte mir klar, dass rasierte Beine einen Rookie von einem „echten" Ironman unterschieden. Am Anfang tat ich das noch als einen Spleen seinerseits ab, aber einmal sensibilisiert, fiel mir mit der Zeit auf, wie viele Triathleten sich unabhängig vom Geschlecht die Beine rasierten. Insbesondere vor dem Ironman ist die gründliche Rasur ein Ritual, um sich auf den Wettkampf einzustimmen. Manche schieben medizinische oder leistungsfördernde Gründe vor. Es kann durchaus sein, dass sich im Fall eines Sturzes die Wunde besser säubern lässt oder dass durch die glatte Haut im Wasser oder im Fahrtwind auf dem Rad ein Zeitvorteil möglich ist, aber die wahren Gründe liegen meines Erachtens woanders: Zum einem geht es darum, die austrainierten Beine für alle sichtbar zu zeigen, zum anderen signalisieren die rasierten Beine die Zugehörigkeit zur Gruppe der Ironman. Auf den ersten Blick lässt sich klar erkennen, wer am Wettkampf teilnimmt und wer nicht. Ein weiteres Signal, das im wahrsten Sinne des Wortes unter die Haut geht, ist ein Ironman-Tattoo, das sich viele Triathleten nach ihrem ersten Finish oder der Hawaii-Qualifikation stechen lassen. Eines der beliebtesten Motive ist das Ironman-Logo am Knöchel oder auf der Wade.

Kleidung ist eine andere Möglichkeit, um die Mitgliedschaft zur Ironman-Familie auszudrücken – und weniger schmerzhaft als ein Tattoo. Kleidung ist die zweite Haut des Menschen, die wir an- und wieder ablegen können. *„Kleider machen Leute"*, sagt ein Sprichwort. Mit Kleidung drücken sich viele Menschen aus und kommunizieren ihre Gruppenzugehörigkeit. Es fällt auf, dass viele Athleten vor dem Wettkampf mit Finisher-Shirts herumlaufen. Besonders exklusiv sind dabei natürlich die Finisher-Shirts der Ironman World Championships auf Hawaii. Mit dem Tragen dieser Shirts wird die Zugehörigkeit zur Gruppe zum Ausdruck gebracht. Ähnliches gilt für das Tragen bestimmter Marken, die auf den Triathlonbereich spezialisiert sind.

Nicht nur Kleider, sondern auch Uhren können Status und Gruppenzugehörigkeit ausdrücken. Eine wertvolle Uhr steht zum Beispiel für Luxus, Wohlstand und Exklusivität. Sie wird nicht nur von Bankern, sondern inzwischen auch von erfolgreichen Rappern gerne als Statussymbol getragen, um Gruppenzugehörigkeit zu signalisieren. Bei Triathleten sind dagegen multifunktionale Uhren beliebter. Die Highend-Modelle von führenden Anbietern wie Garmin oder Polar eignen sich besonders für Ausdauersportarten wie Schwimmen, Radfahren und Laufen. Eine solche Uhr signalisiert die Zugehörigkeit zur Gruppe der aktiven Ausdauersportler. Sie ist ein Statement, insbesondere dann, wenn sie auch außerhalb des Sports getragen wird. Um das an einem Beispiel zu illustrieren: Als Professor der Technischen Universität München führe ich regelmäßig Gespräche mit Kandidaten aus verschiedenen Ländern, die sich für eines der internationalen Masterprogramme der TUM School of Management bewerben. Um Erfolg zu haben, kommt es nicht nur auf die verbale, sondern auch die non-verbale Kommunikation an. 2020 hatte ich einen Bewerber aus Dänemark. Wie für Skandinavier üblich, trug er „Business Casual" im Bewerbungsgespräch. Wir unterhielten uns eine Weile über seinen Lebenslauf und seine Motivation für das Masterprogramm. Am Ende fragte ich ihn, ob er Triathlon betreibe und ein Ironman sei. Er schien überrascht, da es nicht aus den schriftlichen Unterlagen hervorging. *„Ja!"*, meinte er, *„wie kommen Sie darauf?"*. Da ich schon als Kind die Romane von Sherlock Holmes gelesen habe und mit der Methode der Deduktion – also der Herleitung – vertraut war, lag die Vermutung aufgrund mehrerer Indizien klar auf der Hand: Sein sportliches Auftreten, die ruhige, selbstsichere Art zu reden und das Tragen der Garmin Forerunner 935.

Ironman-Tattoo

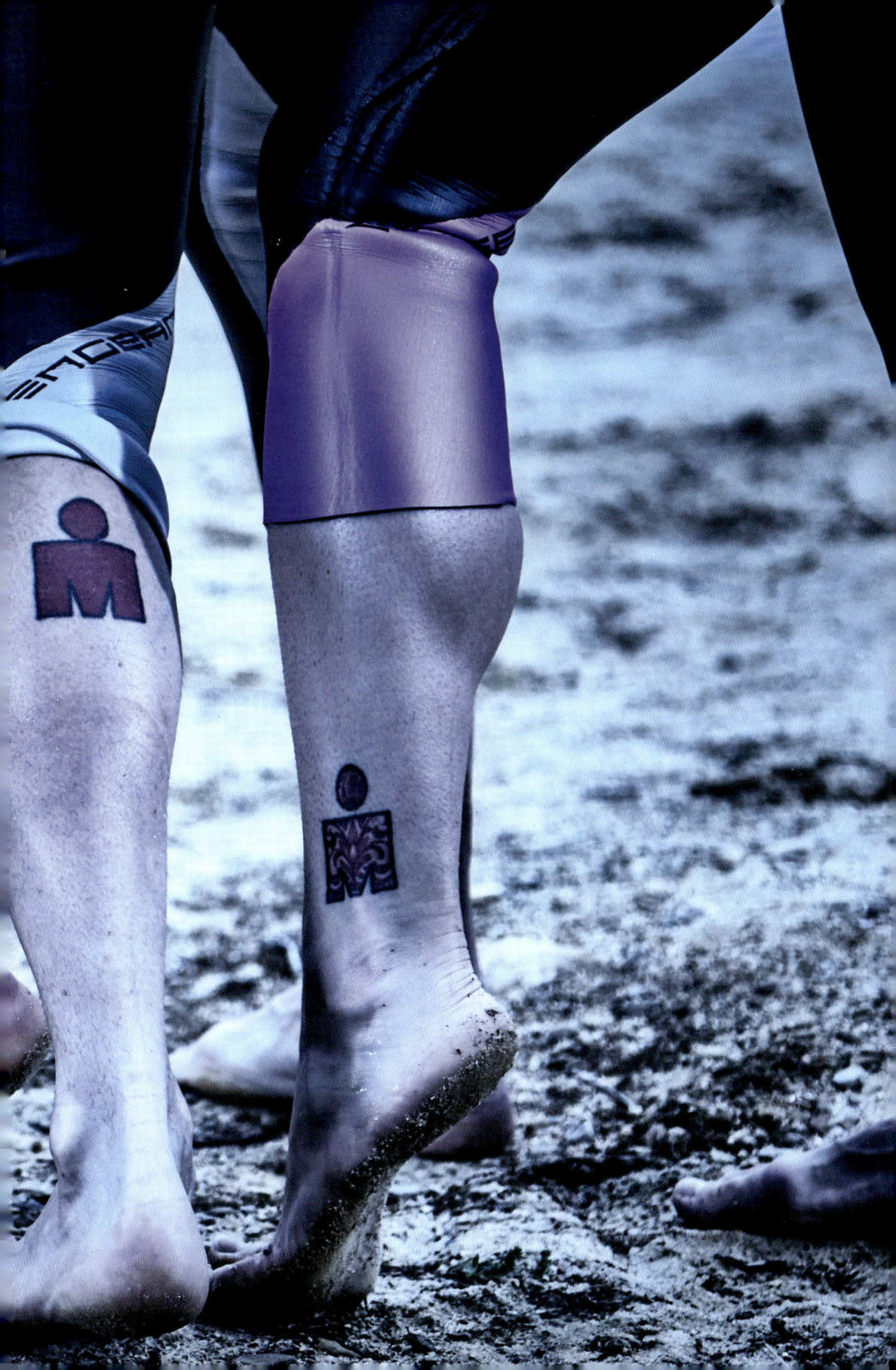

Auf den ersten Blick sind Langdistanz-Triathleten eine große Gruppe, die zur „Ironman Ohana" gehören. Bei näherer Betrachtung lassen sich aber drei unterschiedliche Gruppen identifizieren: die Gruppe der leistungsorientierten Ironman, die Gruppe der lebensstilorientierten Ironman und die Gruppe der Ultratriathleten.

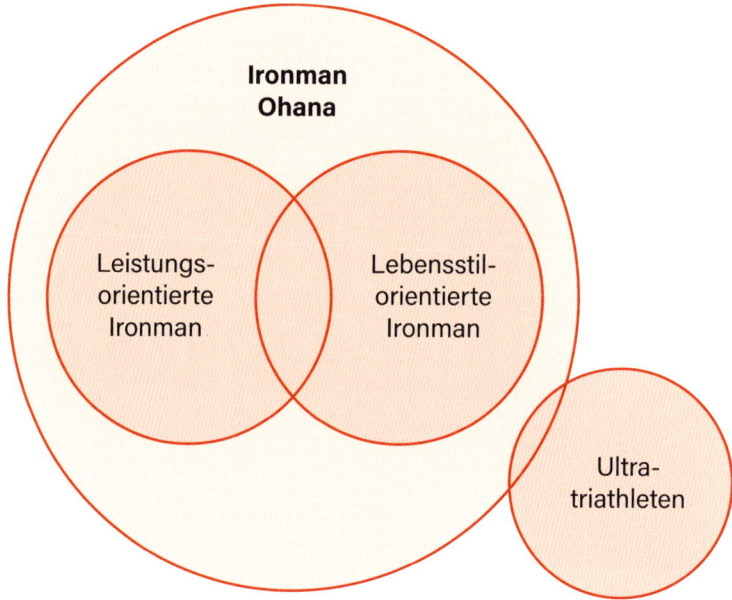

Ironman-Gruppen

Die ersten beiden Gruppen gehören vollständig zur „Ironman Ohana". Sie sind relativ groß und wachsen seit Jahren an. Zwischen den zwei Gruppen der leistungs- und lebensstilorientierten Ironman gibt es bestimmte Überschneidungen, weswegen sie nicht immer scharf voneinander abgegrenzt werden können. Anders verhält es sich mit der Gruppe der Ultratriathleten, die zahlenmäßig wesentlich kleiner ist. Sie hat eine eigene Identität, die zwar gewisse Bezüge zur Ironman-Gemeinschaft aufweist, aber sich in vielerlei Hinsicht auch klar davon abgrenzt.

GRUPPE DER LEISTUNGSORIENTIERTEN IRONMAN

Für Triathleten, die der Gruppe der Leistungsorientierten angehören, steht der Ironman im Mittelpunkt ihres Lebens. Sie trainieren wöchentlich häufig mehr als 15 Stunden. Das Training hat oberste Priorität und bestimmt den Tagesrhythmus. Berufliche Aktivitäten und zwischenmenschliche Beziehungen werden dem strengen sportlichen Regime untergeordnet. Für die Mitglieder dieser Gruppe steht Leistung im Vordergrund. Sie wollen eine bestimmte Aufgabe gut, besser und am besten bewältigen. Für sie geht es nicht nur um das Finish, sondern um eine möglichst schnelle Zeit. Dafür sind sie bereit, nicht nur zeitlich, sondern auch finanziell sehr viel zu investieren. Sie haben in der Regel einen Trainer, mit dem sie sich eng abstimmen und der ihnen einen Trainingsplan vorgibt, der auf ihre individuellen Bedürfnisse und Ziele zugeschnitten ist. Das Training wird im Laufe der Saison so gestaltet, dass der Leistungspeak idealerweise am Tag des Wettkampfs liegt. Um die Leistung zu optimieren und das Training genau zu kalibrieren, unterziehen sie sich regelmäßigen Tests der Leistungsdiagnostik, in denen nicht nur ihre maximale Sauerstoffaufnahme (VO$_2$max), sondern auch ihre maximale Laktatbildungsrate (VLamax) und ihr Kohlenhydratverbrauch bestimmt werden. Dadurch können sehr genaue Rückschlüsse auf Trainingsvorgaben, Pacing und Ernährung beim Wettkampf gezogen werden.

Neben der rein körperlichen Fitness spielen auch Material, Psyche und Ernährung eine wichtige Rolle für den Erfolg. Für die Leistungsorientierten ist das beste Material gerade gut genug. Während des Wettkampfes sind sie unter anderem dadurch zu erkennen, dass sie das neueste Equipment haben, von dem sie sich einen Leistungsvorteil versprechen. Darüber hinaus lassen sie sich von Mental- und Ernährungscoaches beraten. Viele folgen einem strengen Ernährungsplan, der auf ihre sportlichen Bedürfnisse abgestimmt ist. So verschieden wie die Menschen selbst, sind auch ihre Ernährungsweisen, die eine höhere Leistungsfähigkeit versprechen. Manche Spitzensportler schwören auf eine vegane Ernährung (z.B. Brendan Brazier), andere ernähren sich vegetarisch (z.B. Patrick Lange) oder sind Pescetarier, d.h. Vegetarier, die Fisch essen (z.B. Jan Frodeno). Möglichkeiten zur Optimierung gibt es jedoch nicht nur bezogen auf Fitness, Material, Psyche und Ernährung, sondern auch in vielen anderen Bereichen. So werden beispielsweise Aerotests im Windkanal durchgeführt, in denen verschiedene Sitzpositionen und Materialien ausprobiert werden – für alle, die bereit sind, einen entsprechenden Preis dafür zu zahlen. Darüber hinaus gibt es Angebote in Bereichen, in denen man sie auf den ersten Blick nicht vermuten würde. So richten sich beispielsweise moderne Zahnmediziner, die eine ganzheitliche Sichtweise auf den Körper haben, ganz spezifisch an Profis und leistungsorientierte Freizeitsportler mit ihrem Versprechen einer optimalen Zahngesundheit durch das Konzept der drei „Ps" von Performance, Prevention und Protection. Regelmäßige, professionelle Zahnpflege beugt Entzündungen im Mundbereich vor, die sich leistungsmindernd auswirken können. Damit sollen die sportliche Leistungsfähigkeit optimiert und die Verletzungsanfälligkeit minimiert werden.[90]

Es wird deutlich, dass leistungsorientierte Ironman einen hohen Aufwand für ihre Selbstoptimierung betreiben, die vor allem auf den Sport ausgerichtet ist („Selbstoptimierung 1.0") und in Kapitel 4 näher beschrieben wird. Der ultimative Höhepunkt im Jahr ist der Wettkampf, auf den sie sich monatelang minutiös vorbereitet haben. Im Rennen selbst streben sie einen vorderen Platz in ihrer Altersklasse an, verbunden mit der Qualifikation für den Ironman Hawaii. Je nach Rennen und Altersklasse werden bis zu zwölf Plätze für die Qualifikation bei Männern und Frauen vergeben. Je größer das Rennen und je mehr Anmeldungen in der Altersklasse, desto mehr Slots werden für Hawaii vergeben. Um einen solchen zu ergattern, bedarf es in der Regel einer Finisher-Zeit, die deutlich unter 10 Stunden liegt. Besonders Ambitionierte streben einen Sieg in der Altersklasse oder einen Platz auf dem Podium an. Sie orientieren sich in der Vorbereitung und beim Wettkampf nicht nur an sich selbst, sondern auch an ihren Konkurrenten der jeweiligen Altersklasse.

Die leistungsorientierten Ironman bestimmen zwar das Bild der Triathleten in der Öffentlichkeit und in den Medien, bezogen auf die gesamte Ironman-Gemeinschaft sind sie jedoch in der Minderheit. Geht man von den Finisher-Zeiten aus, dann umfasst die Gruppe der leistungsorientierten Ironman maximal 20 % aller Teilnehmer, während rund 80 % zur Gruppe der lebensstilorientierten Ironman gehören.

GRUPPE DER LEBENSSTILORIENTIERTEN IRONMAN

Für Triathleten, die der Gruppe der Lebensstilorientierten angehören, ist der Ironman ein wichtiger Teil ihres Lebens – neben Beruf, Familie und Freunden. Sie trainieren durchschnittlich etwa 10 bis 12 Stunden die Woche, was bei anderweitigen beruflichen und privaten Verpflichtungen ein großer Aufwand ist und viel Organisationstalent verlangt. Das regelmäßige Training hat eine hohe Priorität, aber es bestimmt nicht das gesamte Leben. Ist im Beruf etwas Wichtiges und Dringendes zu erledigen oder steht privat etwas an, dann wird das Training auch mal gestrichen oder verschoben. Lebensstilorientierte Triathleten sehen das Training auch nicht als reines Mittel zum Zweck im Sinn einer gesteigerten körperlichen Leistungsfähigkeit. Für sie ist vielmehr der Weg das Ziel. Sie genießen die Bewegung in der freien Natur und das damit verbundene Körpergefühl, so wie es in den Kapiteln 6 und 7 beschrieben wird. Darüber hinaus spielen soziale Kontakte und Geselligkeit im Sport eine wichtige Rolle. Anstatt immer allein zu trainieren, sind sie auch regelmäßig mit gleichgesinnten Freunden oder einer Gruppe aus dem Verein unterwegs.

Während die Gruppe der Leistungsorientierten in der Vorbereitung auf den Wettkampf und in der Trainingsgestaltung vor allem auf den Rat von Experten vertraut und einen persönlichen Trainer an ihrer Seite hat, ist die Bandbreite bei der Gruppe der Lebensstilorientierten wesentlich größer. Die Angebote reichen von Trainern, die individualisierte Trainingspläne über eine Online-Plattform zur Verfügung stellen und diese auf Wunsch kurzfristig anpassen (z.B. sisu-Training), bis hin zu intelligenten Softwareprogrammen, die nach Vorgabe der persönlichen Daten und Ziele Trainingsprogramme automatisch erstellen (z.B. 2Peak oder PerfectPace). Viele Triathleten aus der Gruppe der Lebensstilorientierten greifen auch auf standardisierte Trainingspläne zurück, die sie Fachbüchern oder -zeitschriften entnehmen. Die wenigsten trainieren noch „Triathlon Freestyle", das heißt, nach Lust und Laune, so wie Richie und ich es die längste Zeit getan haben. Wenn das Wetter gut war, die Sonne schien und es der Beruf erlaubte, dann gingen wir häufig auf eine längere Radtour von bis zu sechs Stunden. Wenn es kalt war und regnete, dann fiel das Training eben auch mal ganz aus oder wurde ins Hallenbad verlegt. Im Vergleich zu früheren Zeiten lässt sich generell sagen, dass sowohl die leistungs- als auch die lebensstilorientierten Triathleten über sehr gutes Material verfügen und trainingsmäßig bestens auf das Abenteuer Ironman vorbereitet sind. Ich vermute, es gibt nur noch einzelne Sportler, die sich spontan dafür entscheiden und sich wenige Tage vor dem Rennen ein Rad ausleihen, so wie das 1978 bei der ersten Ausrichtung des Ironman Hawaii der Fall war.

Schaut man sich die Finisher-Zeiten bei einer Langdistanz näher an, dann kommt die große Mehrheit der Teilnehmer nach 10 bis 14 Stunden ins Ziel. Diese Athleten gehören vorrangig zur Gruppe der lebensstilorientierten Ironman. Für sie geht es vor allem um das Finish selbst und darum, das Beste aus sich herauszuholen. Dabei orientieren sie sich nicht an anderen Triathleten, sondern nur an den eigenen Leistungen. Jeder Wettkampf ist individuell, wie Cynthia beschreibt:

„Klar will ich eine gute Platzierung und das Beste aus mir rausholen, aber das Beste aus mir und nicht, um es irgendjemanden zu beweisen, dass ich das kann und schneller bin. So ein Wettkampf ist immer individuell."

Sie mögen von einer Hawaii-Qualifikation träumen, aber realistischerweise sind sie aufgrund ihrer Trainingsleistungen oftmals weit davon entfernt. Die meisten geben sich diesbezüglich auch keinen Illusionen hin. Michael spricht selbstironisch von *„den Sportlern wie mir, die in 12 bis 13 Stunden über die Ziellinie kugeln."* Die Gruppe der lebensstilorientierten Ironman betreibt „Selbstoptimierung 2.0", das heißt, sie sucht eine Balance zwischen Training, Beruf, Familie und Freunden (siehe Kapitel 4). Für sie ist der Sport Ausdruck eines aktiven, gesunden Lebensstils, der einen wichtigen Platz im Leben einnimmt, aber nicht alles überlagert.

Es fällt auf, dass es gewisse Überschneidungen zwischen der Gruppe der lebensstilorientierten Ironman und der Gruppe der LOHAS gibt („Lifestyle of Health and Sustainability"), die im Nachhaltigkeits-Marketing eine große Rolle spielt, d.h. einem Marketing, welches sich nicht nur an den Kundenbedürfnissen ausrichtet, sondern auch ökologische und soziale Aspekte einbezieht.[91] Als LOHAS werden Menschen bezeichnet, die einen aktiven, gesunden Lebensstil pflegen und dabei auf Nachhaltigkeit setzen. Sie ernähren sich gesund und treiben regelmäßig Sport. LOHAS haben ein überdurchschnittliches Einkommen und sind bereit, für soziale und ökologische Leistungen einen höheren Preis zu bezahlen, solange Produkt- und Servicequalität stimmen. LOHAS sind sehr internetaffin und dienen häufig als Multiplikatoren in ihrem Freundes- und Bekanntenkreis. Um diese interessante Zielgruppe anzusprechen, sind einige Unternehmen dazu übergegangen, sozial-ökologische Aspekte systematisch zu berücksichtigen und in ihr Markenversprechen zu integrieren. Ryzon lässt beispielsweise seine Textilien in Europa statt in China fertigen, um kurze Lieferketten und höchste Qualität inklusive entsprechender Umwelt- und Sozialstandards sicherzustellen. Im Jahr 2020 rief das Unternehmen im Zuge der Corona-Pandemie das Programm „United in Humanity" ins Leben. Mit dem Kauf der Produkte aus dieser Kollektion werden verschiedene Hilfsprojekte unterstützt. Doch nicht nur für Sportartikelhersteller, sondern auch für Fachzeitschriften ist die Nachhaltigkeit ein wichtiges Thema. Während die Zeitschrift „triathlon" vor allem auf Rennen, neue Produkte, Training und Technik eingeht und damit die Kerngruppe der leistungsorientierten Triathleten anspricht, greift das „tritime Magazin" in seinen Artikeln, Reportagen und Interviews regelmäßig auch Themen wie Gesundheit und Nachhaltigkeit auf. Damit wendet sich tritime vor allem an die Gruppe der lebensstilorientierten Triathleten.

Wie eingangs hervorgehoben, können die beiden Gruppen nicht immer eindeutig voneinander getrennt werden. Jeder lebensstilorientierte Ironman hat ein gewisses Leistungsmotiv. Ansonsten würde er die extreme Ausdauersportart nicht betreiben. Je näher sich Triathleten der magischen Finisher-Zeit von 10 Stunden annähern, desto ausgeprägter wird ihr Leistungsgedanke. Dann bewegen sie sich in der Schnittmenge dieser zwei Gruppen. Aber auch jeder leistungsorientierte Ironman braucht mal eine Auszeit vom Sport und lässt die Seele baumeln. Ansonsten würde ihn der Sport auffressen, wie Sebastian Kienle in einem Interview anmerkte.[92]

Es gibt jedoch auch Triathleten, die sich bewusst und klar von der anderen Gruppe abgrenzen. So spricht Daniela Marthold, die im Alter von 35 Jahren bei der 35. Challenge Roth in gut 15 Stunden ins Ziel kam, in einem Interview darüber, sich als Versagerin zu fühlen. Grund dafür waren unter anderem Bemerkungen aus ihrem Umfeld sportlich ambitionierter Triathleten:

„Zum einen gibt es einfach viele Mitsportler, die Athleten wie mir, die auf der Langdistanz halt nicht an der 10-Stunden-Marke kratzen, deutlich zu verstehen geben, dass wir keine Daseinsberechtigung bei solchen Wettkämpfen hätten. Außerdem sei das ja alles recht putzig, was wir da machen, aber mit Sport habe das nicht wirklich viel zu tun."[93]

Diese Bemerkung hat Daniela sehr getroffen und verletzt. Ähnlich ging es Din in einer unschönen Begegnung mit einem Bekannten in Frankfurt. Dieser fragte sie:

„Du hast ja letztes Jahr deine erste Langdistanz in der Schweiz bestritten. Herzlichen Glückwunsch! Zürich ist ja eine tolle Stadt, und das hat bestimmt Spaß gemacht. Mit welcher Zeit bist du denn ins Ziel gekommen?"

Aus Dins Sicht ist es eine typisch deutsche Manier, immer gleich nach den Zeiten zu fragen. Sie antwortete wahrheitsgemäß:

„12:34 Stunden".

Daraufhin meinte er abfällig:

„Na, also, damit kannst du auch keinen Blumentopf gewinnen!"

Es stellt sich die Frage: *Sind es vor allem Männer, die sich mit ihrer Leistung profilieren und von anderen, insbesondere Frauen, abgrenzen wollen?* Die klare Abgrenzung, wie in den beiden Beispielen gezeigt, lässt sich mit der sozialen Identitätstheorie von Henri Tajfel erklären. Demnach ist die soziale Identität eines Menschen definiert durch die sozialen Gruppen, denen er Bedeutung beimisst und sich zugehörig fühlt. Dabei stehen die Eigengruppen den Fremdgruppen gegenüber. Durch die Identifikation mit der eigenen Gruppe und dem Vergleich mit der Fremdgruppe entsteht eine positive Selbstwahrnehmung. So kann es beispielsweise sein, dass sich Sportler mit Nicht-Sportlern vergleichen und sich dadurch für fitter und gesünder als diese halten. In den zwei geschilderten Fällen ist es offenbar so, dass sich die Mitglieder der Gruppe der leistungsorientierten mit der Gruppe der lebensstilorientierten Triathleten vergleichen und klar davon abgrenzen, anstatt die übergeordnete Gruppe der Ironman-Familie zu betrachten und sich damit zu identifizieren. Das Abgrenzungsmotiv spielt auch für Ultratriathleten eine wichtige Rolle. Sie haben ihren Ursprung zwar beim Ironman und weisen bestimmte Berührungspunkte auf, sind jedoch eine eigene soziale Gruppe, die sich klar von den anderen abgrenzen lässt.

GRUPPE DER ULTRATRIATHLETEN

Im Buch „Go hard or go home" erzählt Daniel Meier, wie er vom Ironman zum Ultratriathlon kam.[94] Als Ultratriathlon werden in der Regel alle Distanzen bezeichnet, die jenseits des „normalen" Ironman liegen, wie die doppelte Distanz (7,6 Kilometer Schwimmen, 360 Kilometer Rad, 84,4 Kilometer Laufen) bis hin zur dreißigfachen Distanz (114 Kilometer Schwimmen, 5.400 Kilometer Rad, 1.266 Kilometer Laufen). Daniel begann Mitte der 1990er Jahre mit dem Triathlon und bestritt 1997 seine erste Langdistanz in Zürich. Später folgten weitere Ironman-Rennen auf Lanzarote (Spanien), in Kärnten (Österreich), Penticton (Kanada) und Roth (Deutschland). Aus seiner Sicht kam es nach dem Jahr 2000 zu einem Umbruch in der Ironman-Szene: Als er in den 1990er Jahren damit anfing, schien ihm noch alles ursprünglicher und improvisierter zu sein. Es war einerlei, mit welcher Kleidung und welchem Equipment man zum Wettbewerb antrat, wie er erzählt. Doch mit der Zeit wurde alles mehr und mehr „gehypt". Bestimmte Marken waren angesagt, die Ausrüstung bestand aus Zeitfahrrädern mit Carbonrahmen, die in Kleinserien gefertigt wurden, und neben einem Schwimm-, Rad- und Lauftrainer gehörten auch Mentalcoaches und Ernährungsberater zum guten Ton.

„Dieses ganze Gehabe war mir von Anfang an vollkommen fremd. Für mich bedeutete Sport in erster Linie einen Ausgleich zu meinem Beruf als Medizinischer Masseur."

So entfremdete er sich zunehmend von der Ohana, der er sich die längste Zeit eng verbunden und zugehörig gefühlt hatte:

„Schließlich fand ich mich im Ironman-Zirkus nicht mehr wieder. Jahrelang war er mein Zuhause gewesen, aber mehr und mehr erkannte ich, dass ich mich dort nicht mehr wohl fühlte."

Nach dem zehnten Ironman fragte er sich:

„Was gab es denn außerhalb von Ironman oder anderen Langdistanzen? Irgendeine Steigerung? Eine größere Herausforderung?"

Auf der Suche nach Alternativen stieß er im Internet auf den Ultratriathlon. Im Jahr 2009 meldete er sich für den Triple Ultratriathlon in Lensahn (11,4 Kilometer Schwimmen, 540 Kilometer Radfahren, 126,6 Kilometer Laufen) an. Seitdem hat Daniel nicht nur zahlreiche Ultratriathlons bestritten (wie beispielsweise dreimal den Double Deca one per day: 20 Ironman an 20 aufeinanderfolgenden Tagen), sondern auch den swissultra mit initiiert und organisiert. Diese Veranstaltungen erinnern an die Anfänge des Ironman Hawaii. Beim Ultratriathlon nehmen lediglich ein paar Dutzend Triathleten teil. Für die Betreuung sorgt jeder Triathlet selbst. Er hat ein Team vor Ort, das ihn über mehrere Tage hinweg mit Essen versorgt, Kleidung bereithält, beim Rennen unterstützt und über Krisen hilft. Die Betreuerteams wohnen in Campingbussen und Zelten am Rand der Strecke, wo temporär ein kleines „Ultratriathlon-Dorf" entsteht, in dem sich alle kennen und gegenseitig aushelfen. Am Vortag des Rennens versammeln sich alle Teilnehmer und Betreuer. Jeder einzelne Triathlet wird kurz persönlich vorgestellt, was das Gemeinschaftsgefühl stärkt. Je länger der Ultratriathlon, desto größer ist der Zusammenhalt zwischen den Athleten und deren Betreuern. Die Atmosphäre ist sehr familiär, und es ist mehr ein Miteinander als ein Gegeneinander. Die schwierigen Momente während des Wettkampfs schweißen zusammen. Die letzte Laufrunde wird beim Ultratriathlon traditionell in entgegengesetzter Richtung gelaufen. Hier kann sich der Finisher von den verbliebenen Teilnehmern auf der Strecke verabschieden und am Ende von allen feiern lassen. Für die Teilnehmer, die die lange Distanz erfolgreich hinter sich gebracht haben, gibt es in der Regel keine Geldpreise, sondern nur Medaillen, Pokale und Urkunden. Der nicht-kommerzielle Charakter des Ultratriathlons steht im krassen Gegensatz zum Ironman, der in der Zwischenzeit zu einer Massenveranstaltung und einem Milliardengeschäft geworden ist. Es ist das Persönliche, das Familiäre und die Authentizität, die Daniel mit der Gruppe der Ultratriathleten verbindet und die seine soziale Identität ausmachen.

Von außen betrachtet handelt es sich bei Ironman-Athleten also um eine große soziale Gruppe, die seit über drei Jahrzehnten wächst. Die „Ironman Ohana" ist wie ein globaler Stamm von Triathleten, die sich dieser Gruppe zugehörig fühlen und auf andere Faszination ausüben. Viele Läufer, Radfahrer und Schwimmer fühlen sich von dieser sozialen Gruppe angezogen und streben eine Mitgliedschaft an, die nicht durch Geld, sondern nur durch das Finish einer Langdistanz erreicht werden kann. Die Zugehörigkeit zu einer sozialen Gruppe ist für jeden Menschen wichtig und kann einen bedeutenden Sinn im Leben stiften. Wie die Unterscheidung zwischen Leistungsorientierten und Lebensstilorientierten zeigt, kann die Bedeutung, die sie dem Ausdauersport jeweils beimessen, sehr unterschiedlich ausgeprägt sein. Während es für die Leistungsorientierten vor allem um Selbstoptimierung und Anerkennung geht, spielen für die Lebensstilorientierten auch soziale Aspekte, das Miteinander im Sport und die Erlebnisse in der freien Natur eine wichtige Rolle. Das ebnet den Weg für ein erfülltes Leben, mit dem sich das nächste Kapitel beschäftigt.

10 ERFÜLLTES LEBEN

In den ersten vier Kapiteln des Buches ging es darum, dass Triathleten nach einem Ziel streben, das für viele auf den ersten Blick unerreichbar erscheint. Es ging um das Selbstwertgefühl und die Anerkennung, die sie spüren, wenn sie dieses Ziel erreicht haben. In den folgenden Kapiteln wurden die intensiven Körper-, Natur- und Reiseerlebnisse beschrieben, die unmittelbar mit dem Langdistanz-Triathlon verbunden sind. In den Kapiteln 8 und 9 war dann die Rede von Freundschaften und der Gruppenzugehörigkeit von Ironman-Athleten. All diese Aspekte zusammengenommen sind für Triathleten die Bestandteile für ein erfülltes Leben.

Seit Jahrtausenden beschäftigt sich der Mensch mit den Fragen: *Was macht ein gutes Leben aus? Wie kann es gelingen?* Große Philosophen wie Platon und Aristoteles machten sich darüber Gedanken und begründeten die „Eudämonie", die Lehre vom erfüllten Leben. Das Wort *eudaimonia* stammt aus dem Griechischen, wobei *Eudaimon* so viel bedeutet wie *„mit einem guten Daimon verbunden"*. Wenn jemand vom Glück gesegnet war und ein glückliches, besonnenes Leben führte, dann hatte er nach den Vorstellungen der Antike einen guten Geist, der ihn behütete. Wenn jemand umgekehrt vom Pech verfolgt war und ein unglückliches Leben führte, dann war es ein schlechter Geist, der ihn heimsuchte. Ab dem 5. Jahrhundert v. Chr. verwendeten dann die griechischen Philosophen diesen Begriff und deuteten ihn um: Aus ihrer Sicht war nicht mehr eine äußere Macht, sondern der Mensch selbst für ein gelingendes Leben verantwortlich. Häufig wird der Begriff Eudämonie mit „Glück" übersetzt, was jedoch irreführend ist, da er keinen Zustand beschreibt, sondern einen Prozess. Dabei geht es geht darum, in einer bestimmten Art und Weise zu leben, seinen eigenen Weg zu gehen, sein Potential voll auszuschöpfen und dadurch glücklich zu werden.

Im 20. Jahrhundert beschäftigte sich Martin Seligman, Professor für Psychologie, in seiner Forschung viel mit einem erfüllten Leben. Er gilt als ein Hauptvertreter der positiven Psychologie. In seinem PERMA-Modell fasst er die fünf zentralen Elemente für ein gelingendes Leben zusammen.[95] Das Akronym PERMA steht für: Positive Emotion, Engagement, Relationships, Meaning und Achievements. *Positive Emotion* bedeutet, sich gut zu fühlen und optimistisch zu sein. *Engagement* umschreibt das Aufgehen in einer Tätigkeit, das Erleben von Flow-Momenten. *Relationships* bezeichnet gute Beziehungen zu Familie, Freunden und Bekannten. *Meaning* meint das Gefühl, zu etwas Größerem zu gehören, was als sinnvoll erachtet wird. *Achievements* sind Leistungen und das Erreichen von Zielen. Der Ironman ist ein möglicher Weg zu einem erfüllten Leben, der positive Gefühle, das Erleben eines Flows, Freundschaften, Bedeutung und Ziele beinhaltet. Die folgenden Beispiele illustrieren, wie unterschiedlich die Lebensentwürfe und wie interessant die Wege dorthin sein können.

ANYTHING IS POSSIBLE

Ein Slogan des Ironman lautet: *„Anything is possible"* – Alles ist möglich! Das Motto soll Menschen dazu ermutigen, das Unmögliche zu denken, ins kalte Wasser zu springen und Abenteuer zu wagen, selbst wenn diese jenseits ihrer Vorstellungskraft und außerhalb ihrer Komfortzone liegen sollten. Dieses Motto machte sich auch Cynthia zu eigen. Schon als Kind war sie viel in der freien Natur und trieb regelmäßig Sport. Im Alter von zwölf Jahren fing sie mit dem Rudern an, mit dem sie mehrfache Sachsen-Meisterin und Deutsche-Vize-Meisterin in ihrer Altersklasse wurde. *„Geht nicht, gibt's nicht"*, sagten ihr ihre Eltern immer wieder, und *„du musst es nur wollen."* Cynthia verinnerlichte dieses Credo und ist fest davon überzeugt: *„Wenn man es wirklich will, und bereit ist, dafür hart zu arbeiten, dann kann man alles schaffen."*

Für Studium und Beruf zog Cynthia nach Frankfurt am Main, wo sie mit dem Laufen anfing. Zwischen 2016 und 2018 nahm sie an einer Reihe von Marathons in Berlin, Chicago, Stockholm, Tel Aviv und Wien teil. Dadurch ließ sich das Laufen mit Urlaubsreisen verbinden, was zu ihren Lieblingsbeschäftigungen zählt. Auf Instagram stellt sie sich vor als:

„Sports addict. Trigirl. Nature lover. Motivator. Optimist. In love with life, healthy food & travelling.“

Sportverrückt. Triathletin. Naturliebhaberin. Motivator. Optimistin. Verliebt in das Leben, gesundes Essen und Reisen. Zum Triathlon kam sie mehr oder weniger zufällig: Da sie im Zentrum von Frankfurt wohnt, schaute sie eines Tages beim Abendspaziergang dem Treiben beim Ironman zu, der direkt vor ihrer Haustür stattfand, und ließ sich von der tollen Stimmung anstecken:

„Ich stand abends um 22 Uhr auf dem Römer, wo der letzte Finisher einlief und gleichzeitig die Luftballons hochflogen. Das war eine coole Stimmung. Das hat riesigen Spaß gemacht, allein das Zuschauen.“

Gemäß dem Motto *„Anything is possible“* nahm sie sich vor, in Zukunft selbst bei einem Ironman zu starten. Aber aller Anfang ist schwer. Besonders das Schwimmen erwies sich zunächst als große Hürde. *„Ich konnte zwar Brustschwimmen, aber kein bisschen kraulen.“* Deswegen setzte sie sich zunächst das Ziel, Kraulschwimmen zu lernen. Da entsprechende Kurse belegt waren, eignete sie es sich selbst anhand eines YouTube-Kurses an und ging regelmäßig zweimal die Woche ins Schwimmbad. *„Stück für Stück machte ich Fortschritte, und mittlerweile geht das ganz gut.“* Nachdem sie schwimmen konnte, kaufte sie sich ein Rad und absolvierte im September 2018 ihren ersten Triathlon über die Olympische Distanz. Nach dem ersten Triathlon-Finish war sie endgültig Feuer und Flamme für den Ironman. Um sich gut darauf vorzubereiten, holte sie sich Mario Schmidt-Wendling als Trainer. Aufgrund seiner langjährigen Erfahrung, Expertise und Erfolge gilt Mario als einer der führenden Trainer im deutschsprachigen Raum. 2019 bestritt Cynthia eine Mitteldistanz in Kraichgau und hatte für 2020 ihren ersten Ironman in Frankfurt geplant. Da dieser wegen der Corona-Beschränkungen abgesagt wurde, trat sie beim KnappenMan an, einem Triathlon über die Langdistanz im Lausitzer Seenland. Dort wurde sie mit einer hervorragenden Zeit von 10:45 Stunden auf Anhieb Dritte bei den Frauen. Neben ihrem Trainer unterstützten sie bei diesem Vorhaben vor allem ihr Lebenspartner, aber auch ihre Familie und ihre Freunde. In Abwandlung des Ironman-Mottos lässt sich demnach sagen: *„Anything is possible, when you have the right people to support you."* Dieses Zitat stammt von Misty Copeland, die weltweit berühmt wurde, als sie 2015 als erste Afroamerikanerin Primaballerina des „American Ballet Theatre" wurde.

Mit dem Selbstvertrauen, dem Optimismus und der Unbekümmertheit, mit der Cynthia ihren ersten Triathlon über die Langdistanz anging, bewarb sie sich auch als Kandidatin für die Wahl zur Miss Germany 2021. Wenn man nicht den gängigen Maßen entspricht, wie sie von Modelagenturen verlangt werden, ist eine solche Bewerbung ein mutiger Schritt, da man sich dem kritischen Urteil anderer aussetzt. Das neue Konzept der Miss-Germany-Wahl stellt aber – im Gegensatz zu klassischen Schönheitswettbewerben – die Persönlichkeit und die Individualität der Frauen in den Vordergrund. Neben ihrem schönen Gesicht und einem ansteckenden Lachen konnte Cynthia durch ihre natürliche Ausstrahlung und

Cynthia als Triathletin

Cynthia als Miss Hessen 2021

positive Einstellung zum Leben punkten. Gemäß ihrem Lebensmotto *„Geht nicht, gibt's nicht"* ist ihr „Female Empowerment" ein wichtiges Anliegen:

> *„Mit meiner Teilnahme bei Miss Germany möchte ich Frauen ermutigen, selbstbewusster durchs Leben zu gehen, an sich zu glauben und sich für neue Dinge zu öffnen – denn: Man kann alles erreichen, wenn man nur will! Besonders wir Frauen geben unsere Ziele oft zu schnell auf und unterschätzen unser Potential. Wir lassen uns häufig verunsichern und von außen beeinflussen. Anstatt stolz auf uns zu sein, vergleichen wir uns mit anderen und schaffen eine tiefe und unnötige, innere Unzufriedenheit. Wir sehen uns als Konkurrentinnen – dabei sollten wir uns gegenseitig inspirieren und helfen, unsere Träume zu verwirklichen. Ich bin überzeugt: In jeder von uns steckt eine Miss Germany – unabhängig, mutig, stark. Lasst uns gemeinsam wachsen!"*

Ihre Bewerbung überzeugte nicht nur die Experten-Jury, sondern auch ein breiteres Publikum, das online abstimmen durfte: So wurde sie zur „Miss Hessen" gewählt und kam damit in das Finale von Miss Germany 2021.

OFFENHEIT FÜR NEUES

Ebenso wie Cynthia ist auch Michael sehr offen und wagt sich gerne an Neues heran, wie sein Werdegang vom Judoka über den Bodybuilder zum Ironman beweist (siehe Kapitel 5). *„Mich reizt es, etwas Neues auszuprobieren."* Während es vielen schwer fällt, etwas loszulassen, in dem sie gut sind, etwas Vertrautes zu verlassen, sich auf unbekanntes Terrain zu begeben und wieder von vorne anzufangen, macht gerade das für Michael den besonderen Reiz aus. Er spricht von Zyklen, in denen er viel lernt und sich weiterentwickelt, was ihn glücklich und zufrieden macht:

> *„Ich habe beim Judo, Bodybuilding, Marathon und Ironman jeweils einen Zyklus durchlebt: vom absoluten Anfänger bis hin zum Amateurniveau. Das ist ein Lernzyklus von 0 auf 70, der für mich sehr wertvoll ist. Ich glaube, auf das komplette Leben gesehen, sollte man mehrere dieser Wandlungen mitmachen. Ich habe wenig Sinn darin gesehen, mich im Judo oder beim Bodybuilding von 70 Punkten auf 75 vorzuarbeiten. Es gibt mir mehr Glücksgefühle, wenn ich von 0 auf 70 komme. Dieses große Delta macht mich glücklich!"*

Michael liebt die Fortschritte, die er macht, wenn er sich mit etwas Neuem beschäftigt und sich auf eine neue Sportart einlässt. Er folgt dem philosophischen Prinzip des Judo, eine maximale Wirkung mit einem Minimum an Aufwand zu erzielen. Wenn man zur Weltelite gehören möchte, dann ist es unerlässlich, sich mit sehr viel Aufwand von 70 Punkte auf 100 nach vorne zu arbeiten, aber auf Amateurniveau hält er das nicht unbedingt für notwendig. Michael geht davon aus, dass ihn der Ironman noch mehrere Jahre begleiten wird und er sich noch in vielerlei Hinsicht weiterentwickeln kann, bevor er sich dann wieder einer anderen Sportart zuwendet.

Die Offenheit Neuem gegenüber zeichnet auch Michaels restliches Leben aus. Geboren und aufgewachsen in Bürstadt an der Bergstraße, nahm er 2003 ein duales Studium in Mannheim auf und begann, bei SAP zu arbeiten. Durch Judo kam er schon früh mit asiatischen Denkweisen und Philosophien in Kontakt. Diese sollten auch seinen weiteren privaten und beruflichen Werdegang prägen. Er lernte Chinesisch, was ihm beruflich nutzte, und als sich die Möglichkeit bot, als Produktentwickler in China zu arbeiten, ergriff er die Chance. Dort traf er seine jetzige Frau, mit der er in Shanghai lebt, einer Megastadt mit mehr als 15 Millionen Einwohnern. Seit 2017 ist Michael Direktor für Innovation bei SAP in China. In dieser Funktion beschäftigt er sich mit der Entwicklung neuer Software auf Basis künstlicher Intelligenz. Um solche Innovationen erfolgreich zu entwickeln, braucht es Offenheit für Neues, Mut zu Experimenten, die Fähigkeit, mit Rückschlägen umzugehen und Beharrlichkeit. In einem Innovationsprozess ist es normal, dass über 80 % der Ideen, in die man investiert, nicht funktionieren. Michael geht mit dem Scheitern positiv um. Das hat er im Judo gelernt:

„Stell dir vor, du bist in der Mitte eines Raumes, und viele Leute sind um dich herum. Dein Gegner wirft dich auf den Boden, und du stehst nicht mehr auf. Das ist das Schlimmste, was du dir vorstellen kannst, und es gibt keine Ausrede dafür. Das war viele Jahre unheimlich schwer, aber ich habe sehr viel Stärke dadurch gewonnen und viel Positives mitgenommen".

Wenn es um größere Projekte geht, dann sind neben dem Umgang mit Fehlschlägen auch Ausdauer und Durchhaltevermögen sehr wichtig. Hier sieht Michael Parallelen zum Ironman:

„Wenn wir Produkte entwickeln, sieht man erst nach zwei bis drei Jahren, ob sie funktionieren oder nicht. Beim Ironman ist das ähnlich, und diese Ausdauer, das langfristige Denken, mit der gleichzeitigen Detailliebe, das trifft auch auf das Berufsleben zu."

Um ein großes, schier unerreichbares Ziel zu erreichen, ist es sinnvoll, Zwischenschritte zu definieren:

„Was ich auch mitgenommen habe, ist das Zerlegen des großen Zieles in Teilziele. Das ist ganz natürlich beim Ironman, das macht jeder. Wenn das Rennen losgeht, fängt keiner an zu rechnen, ah, es sind jetzt nur noch 180 Kilometer. Man setzt sich Ziele, die überschaubar sind. Man sagt, ok, jetzt laufe ich mal 5 Kilometer. Das ist mein erstes Ziel. Wenn ich die 5 Kilometer gelaufen bin, dann setze ich mir das nächste Ziel. Das habe ich sehr konsequent auf mein Berufsleben und unsere Entwicklungsprojekte übertragen."

ENDLICH MEHR SPORT

Die Themen Ausdauer, Durchhaltevermögen und Etappenziele spielen auch für Torsten eine große Rolle, der in jungen Jahren Sport trieb, aber später vernachlässigte. Bei einem Radausflug mit Freunden am Gardasee kam er zu der Erkenntnis, dass er in seinem Leben etwas ändern muss (siehe Kapitel 4). Zwischen 2007 und 2014 entwickelte er sich vom Coachpotato zum Ironman. Der Sport und die die Erfüllung des Traums – eines Triathlons über die Langdistanz – steigerten sein Selbstwertgefühl, das sich auch positiv auf seinen beruflichen Weg auswirkte. Nach dem Studium der Elektrotechnik war er zunächst als Projektingenieur tätig, bevor er 2012 Teamleiter wurde. 2016 stieg er zum Bereichsleiter auf – nur wenige Monate nach dem erfolgreichen Finish bei der Challenge Roth – und drei Jahre später wurde Torsten zum Direktor ernannt. Der berufliche Aufstieg ist nicht nur auf seine fachlichen Kompetenzen und seinen Einsatz zurückzuführen, sondern auch auf die positive Lebenseinstellung, das neue Selbstvertrauen und die damit verbundene Ausstrahlung. In der Zeit als aktiver Triathlet hat er viel über Selbst- und Zeitmanagement gelernt, was ihm nicht nur im Sport, sondern auch im Beruf zugutekommt.

Um seine Erfahrungen und sein Wissen weiterzugeben und andere zu inspirieren, schrieb er nach der Challenge Roth ein Buch zum Thema „Endlich mehr Sport". Darin beschreibt er seinen Weg vom Coachpotato zum Triathleten über

Endlich mehr Sport: Torsten beim Laufen

die Langdistanz und gibt seinen Lesern eine Vielzahl von Tipps und Tricks, um regelmäßig Sport zu treiben und ein erfülltes Leben zu führen. Parallel dazu lancierte er einen Ausdauerblog, der sich insbesondere an Sporteinsteiger richtet. In dem Blog finden sich regelmäßige Beiträge und Podcasts zum Thema Sport mit Schwerpunkt Laufen. 2020 kündigte Torsten seinen Job als Direktor, um sich im Bereich Fitness selbstständig zu machen.

Für ein gelingendes Leben im Alter spielt für Torsten die Gesundheit eine wichtige Rolle. Hier nimmt er seinen Vater als Vorbild, der sich erst im Alter von 65 Jahren ein Rennrad zugelegt und damit angefangen hatte, aktiv Sport zu treiben. Selbst mit über 75 fährt sein Vater immer noch Tausende von Kilometern jährlich und erfreut sich bester Gesundheit. Ähnliche Überlegungen stellte auch Mark im Trainingslager an:

„Neulich hatten wir hier auf Mallorca einen älteren Herrn getroffen, der war etwa 65 Jahre alt und hat uns auf dem Rennrad am Berg überholt. Da habe ich mir Gedanken zum Thema Älterwerden gemacht. Wie will ich leben, wenn ich älter bin?"

Aus Marks Sicht gibt es zwei Altersgruppen, die in unterschiedlichen Welten leben: Während die eine eher behäbig ist und sich von einem Arzt zum nächsten schleppt, ist die andere sehr sportlich und führt ein aktives Leben.

AGELESS ADVENTURES

Die Triathlon-Ikone Julie Moss wurde 1958 geboren. In einem Interview aus dem Jahr 2018 bezeichnet sie sich selbst als eine Frau „mittleren Alters", was ihr Selbstverständnis deutlich macht. Mit ihrer Geschichte und dem aktiven Lebensstil inspiriert sie nach wie vor viele Menschen auf der ganzen Welt. Das Leben von Julie ist eng mit dem Ironman verbunden. Mit ihrem „Crawl of Fame" rückte sie den Ironman Hawaii 1982 ins Rampenlicht der Öffentlichkeit und löste einen regelrechten Triathlon-Boom aus (siehe Kapitel 1).[96] Für Julie selbst war dieser Vorfall der Ausgangspunkt für eine erfolgreiche Triathlonkarriere. In den 1980er Jahren war sie eine der wenigen Sportlerinnen, die aufgrund ihres hohen Bekanntheitsgrades und der sportlichen Erfolge vom Triathlon leben konnten. Im Jahr 1990 heiratete sie Mark Allen, mit dem sie einen Sohn hat. 1997 nahm Julie offiziell Abschied von ihrer Profi-Karriere, doch damit sollte ihre Beziehung zum Ironman noch lange nicht enden.

Anlässlich des 30-jährigen Jubiläums wurden die ersten zwei Frauen des Ironman Hawaii 1982, Kathleen McCarthy und Julie Moss, vom Veranstalter für die Austragung 2012 eingeladen. Sie nahmen die Einladung an und starteten bei „ihrem" Jubiläumsrennen. Durch die gemeinsamen Erinnerungen, hervorgerufen durch die vielen Interviews und Gespräche im Vorfeld der Veranstaltung, wurden die ehemaligen Konkurrentinnen zu guten Freundinnen. Sie beschlossen, gemeinsam als Rednerinnen aufzutreten und andere Menschen mit ihrer Geschichte zu inspirieren. So entstand die „Iron Icons Speaking Series", bei der es sich nicht nur um den Ironman dreht, sondern allgemein um Gesundheit, Fitness, Sport und Ziele im Leben, unabhängig vom Alter. Das Motto „Never give up" von Julie wandelte sich im Laufe der Zeit zu „Ageless Adventures: Be amazing at any age" – was frei übersetzt so viel heißt, wie: dass man auch im Alter das Leben genießen und neue

Dinge anpacken solle. Dieses Motto und der Lebensstil, den Julie damit verband, führte zu einer Partnerschaft mit dem Laufschuhhersteller Hoka One One. Als Markenbotschafterin hält sie regelmäßig Reden und nimmt an Lauftreffs teil. Damit ermuntert sie andere Menschen, insbesondere Frauen, dazu, sich sportlich zu betätigen und ihre eigenen Träume zu leben. Ihr Ziel ist *„... to bring out the inner Wonder Woman and Superman in everyone."* Sie möchte die Superfrau und den Supermann in jedem wecken. Ich lernte Julie beim Ironman Hawaii 2016 persönlich kennen und war von ihrer Rede sehr inspiriert. Sie strahlt eine positive Energie aus, die die Menschen um sie herum förmlich spüren.

Um sich selbst mit knapp 60 Jahren neue Ziele jenseits der Komfortzone zu setzen, kündigte Julie im Januar 2017 öffentlich an, dass sie sich auf den nächsten Ironman Hawaii vorbereitet und ihre Zeit aus dem Jahr 1982 unterbieten möchte. Diese Ankündigung stieß auf ein geteiltes Echo. Einerseits wurde sie für ihren Mut

Frank und Julie beim Ironman Hawaii 2016

bewundert, andererseits wurde die Ankündigung mit Skepsis aufgenommen, lagen doch zwischen den beiden Events 35 Jahre, die auch an ihr nicht spurlos vorüber gegangen waren. Ihr ging es aber darum, sich selbst zu verpflichten, jeden Tag konsequent dafür zu trainieren, ihren Weg zu gehen und den Traum von einem aktiven Leben im fortgeschrittenen Alter zu verwirklichen. In ihren eigenen Worten:

„I wanted to chase something so big that it held me accountable each and every day to get up with focus, drive, and connection. That makes me feel ageless, my métier now: wake up, chase your dream, and you will not feel your age. And you enjoy many ageless adventures."

Auch wenn sie vom Ironman-Veranstalter als Mitglied der „Hall of Fame" ohnehin eine Einladung für die Weltmeisterschaft erhalten hatte, wollte sie sich ihren Startplatz ehrlich erkämpfen. Sie entschloss sich dazu, beim Ironman Texas zu starten, der für seine heißen, schwülen Bedingungen – ähnlich wie auf Hawaii – bekannt ist. Körperlich und mental gut vorbereitet, startete sie im April 2017 in das Rennen und überquerte nach 10:46 Stunden die Ziellinie, sage und schreibe 23 Minuten schneller als 1982. Selbst wenn man berücksichtigt, dass sich das Material und die Trainingswissenschaften seit den 1980er Jahren erheblich weiterentwickelt haben, ist die Zeit für eine Triathletin im Alter von 58 Jahren herausragend. Sie belegte damit den ersten Platz in ihrer Altersklasse. Scott Tinley, Ironman Hawaii Champion 1982 und 1985, nennt es: *„One of the most inspiring, and one of the best, examples of turning back the clock we've seen."* Er bezeichnet Julie als ein inspirierendes Beispiel für große Leistungen im fortgeschrittenen Alter, die sich mit ihren Leistungen aus der Vergangenheit messen lassen. Die Zeitschrift Triathlete schrieb einen Artikel über ihren Altersklassen-Sieg beim Ironman Texas und bezeichnete Julie als: *„Ironman's ageless It-Girl"*. Sie fühlte sich geschmeichelt, handelt es sich bei einem It-Girl doch normalerweise um eine jüngere Frau, die das gewisse Etwas hat und durch ihre Medienpräsenz einer breiteren Öffentlichkeit bekannt ist.

Dass sich nicht alle Träume erfüllen, musste Julie wenige Monate später auf Hawaii feststellen. Dort schied sie nach dem Schwimmen und Radfahren mit Rückenproblemen aus. Im darauffolgenden Jahr kehrte sie jedoch zurück, besann sich auf ihre Stärke und kam mit einer Zeit von 12:08 Stunden ins Ziel. Anlässlich des 40-jährigen Ironman-Jubiläums beschreibt Julie ihre lebenslange Beziehung zu dem Rennen:

„Happy fortieth birthday, Ironman ... We've grown up together. Your warm wa-
ters, windy lava fields, and searing marathon challenged me to dig down and
glimpse the depths of who I could be. Your Ohana, the athletes who have batt-
led for their finish lines, is the best in sport. It's been a beautiful relationship
that will never end."

Sie betrachtet den Ironman als Person, gratuliert ihm zum 40. Geburtstag und
sagt, dass er ein Teil ihres Lebens geworden ist. Gemeinsam sind sie groß und
erwachsen geworden. Sie sagt, dass seine Familie, die Triathleten, die die Ziellinie
erreichen wollen, das Beste ist, was der Sport zu bieten hat. Für sie wird die Beziehung zum Ironman niemals enden. Er hat sie als Mensch zu dem gemacht hat,
der sie heute ist und wie sie in Zukunft sein will: ein aktiver Mensch, der jung im
Kopf bleibt und mitten im Leben steht.

In seinem Buch „Reife Leistung" beschreibt Christoph Cöln inspirierende Geschichten von Menschen über 70, die Sport auf hohem Niveau betreiben und nicht
nur geistig, sondern auch körperlich fit sind.[97] Da ist die Triathletin, die beim Triathlon über die Mitteldistanz in ihrer Altersklasse zur Weltspitze gehört und ihren
Alltag am Sport ausrichtet. Da ist der Läufer, der in seiner Altersklasse die Rekor-
de pulverisiert. Oder die zwei ältesten Skispringer Deutschlands, die immer den
Traum vom Fliegen hatten, sich jedoch erstmals mit 60 Jahren auf eine Schanze
gewagt hatten und mit über 70 immer noch springen. Christoph Cöln nennt sie
„Mastersathleten" statt Seniorensportler. Mastersathleten bewegen sich im Grenz-
bereich von Leistungs-, Freizeit- und Gesundheitssport. Sie verstehen es, ihr Le-
ben zu meistern, sich auch im Alter noch weiterzuentwickeln und es als Chance zu
begreifen, noch einmal etwas Neues beginnen zu können – wie zum Beispiel jene
Frau, die erst im Rentenalter mit Triathlon begann und mit 65 Jahren ihren ersten
Ironman bestritt. Insofern ist das Motto des Ironman *„Anything is possible"* eine
Einladung und Ermunterung, sich auf das Leben einzulassen, unabhängig von Alter, Geschlecht und Herkunft. Es zeigt die Möglichkeit auf, Körper und Geist in
Einklang zu bringen. Schon die alten Römer sagten *„Mens sana in corpore sano"*,
was bedeutet, dass in einem gesunden Körper auch ein gesunder Geist lebt.

Von außen betrachtet mag der Ironman vollkommen sinnlos erscheinen. *Wel-*
cher Sinn besteht darin, 3,8 Kilometer zu schwimmen, 180 Kilometer Rad zu fahren
und 42,2 Kilometer zu laufen? Viele reagieren mit Verwunderung, Unverständnis
oder gar Ablehnung auf diesen Sport. Ich würde dabei zwischen Zweck und Sinn

unterscheiden. Es ist richtig, dass der Ironman keinen unmittelbaren Zweck erfüllt, wie das beispielsweise beim Anbau und der Beschaffung von Lebensmitteln der Fall ist. Der Ironman kann jedoch Sinn im Leben stiften, und diejenigen Triathleten, die diesen Ausdauersport betreiben, messen ihm auch einen großen Stellenwert bei. Es gehört zur Natur des Menschen, seinem Tun und Handeln Sinn und Bedeutung geben zu wollen. Die Frage nach dem „*Warum?*" lässt sich nur individuell beantworten. Jeder misst dem Ironman eine andere Bedeutung zu, die zum jeweiligen Entwurf für ein erfülltes Leben passt.

SCHLUSSWORT

Um mich auf meine Teilnahme am Ironman Hawaii einzustimmen, las ich im Vorfeld das Buch „Iron War" von Matt Fitzgerald, in dem der epische Zweikampf zwischen Dave Scott und Mark Allen während der 1980er Jahre beschrieben wird.[98] Das Duell Mann gegen Mann elektrisierte damals die Massen und trug enorm zur Popularität der noch jungen Ausdauersportart bei. Im Zeitraum von 1980 bis 1987 siegte Dave Scott („The Man") sage und schreibe sechsmal beim Ironman Hawaii, wobei er seinen jüngeren Konkurrenten regelmäßig auf die Plätze verwies. Mark Allen hatte zu dieser Zeit den Ruf, alle Triathlons der Welt gewinnen zu können, aber beim Ironman Hawaii stets zu versagen. Dann kam der 14. Oktober 1989, an dem sich die beiden ein Kopf-an-Kopf-Rennen lieferten, das in die Geschichtsbücher einging. Dave Scott und Mark Allen kamen fast zeitgleich aus dem Wasser, bestimmten beim Radfahren die Pace und liefen beim abschließenden Marathon bei sengender Hitze in unglaublich hohem Tempo nebeneinander her, ohne ein Wort miteinander zu wechseln oder sich eines Blickes zu würdigen. Die Spannung war für die Zuschauer regelrecht mit den Händen zu greifen. Die beiden Kontrahenten pushten sich gegenseitig immer weiter und gingen an die äußersten Grenzen ihrer Leidensfähigkeit. Gegen Ende des Marathons lancierte Mark Allen die alles entscheidende Attacke und gewann erstmals den Ironman Hawaii mit dem knappen Vorsprung von 58 Sekunden. In diesem mittlerweile legendären Rennen lief er den Marathon in einer Zeit von 2:40 Stunden, ein Rekord, der fast drei Jahrzehnte Bestand hatte. Für den Sportjournalisten Matt Fitzgerald ist dieses Rennen die Quintessenz des Triathlons über die Langdistanz. Er stellt Ironman-Athleten als eine Gemeinschaft dar, die sich vor allem über Leiden definiert und körperliche Schmerzen kultiviert („Pain community").[99] Dabei zieht er Parallelen zur Armee, die als ultimative Schmerzensgemeinschaft gilt und „Blut, Schweiß und Tränen" zum Pathos erhebt. Es mag kein Zufall sein, dass John Collins, ein Commander der US Navy, den Ironman Hawaii ins Leben gerufen hatte und bei der ersten Austragung im Jahr 1978 einige Armeemitglieder teilnahmen. So war beispielsweise der Sieger Gordon Haller ein Navy-Soldat, und der Zweitplatzierte John Durban gehörte den SEALS an, einer Spezialeinheit der amerikanischen Armee, die weltweit im Einsatz ist.

Ich habe das Buch „Iron War" mit Interesse gelesen und halte es für sehr gut recherchiert. Durch seine detaillierten Beschreibungen erhält der Leser einen tiefen Einblick in das Leben und Wesen dieser beiden Ironman-Legenden. Zuweilen fühlt es sich so an, als laufe man nebenher und sei bei den Rennen hautnah dabei. Gleichzeitig haben mich jedoch der martialisch angehauchte Titel, die Kriegsmetapher in der Welt des Sports und die Darstellung der Triathleten als Schmerzensgemeinschaft abgeschreckt und irritiert. Ich halte das für eine typisch männliche Sichtweise, die sehr eindimensional und in gewisser Weise auch irreführend ist. Ich denke, das ist einer der Gründe, warum immer noch so wenige Frauen bei einem Triathlon und vor allem einem Ironman an den Start gehen – auch wenn ihr Anteil in der jüngeren Vergangenheit gestiegen ist. Auf jeden Fall hat die im Buch „Iron War" gewählte Interpretation wenig damit zu tun, warum ich seit Jahren Triathlon über die Langdistanz betreibe und wie ich die Ironman-Gemeinschaft wahrnehme. Vor dem Hintergrund meiner eigenen Beobachtungen und Recherchen würde ich die globale Ironman-Familie statt einer „Pain community" eher als eine „Pleasure community" charakterisieren, die Freude am Sport hat und das Leben in vollen Zügen genießt. Damit will ich die Schmerzen im Triathlon nicht negieren. Jeder, der einmal eine Langdistanz erfolgreich gefinisht hat, wird sich daran erinnern, wie weh danach fast jeder Muskel im Körper tat, aber der mediale Fokus auf das Leiden verstellt meines Erachtens den Blick auf die positiven Aspekte des Triathlons und den tieferen Sinn, den Triathleten dem Ironman beimessen. Wie zuvor dargestellt gehören dazu:

- die Steigerung des Selbstwertgefühls, das man auch als eine Form des Empowerments interpretieren kann

- die soziale Anerkennung von anderen, sei es innerhalb oder außerhalb der Ironman-Gemeinschaft

- die eigenen Leistungen zu verbessern und bestimmte, selbst gesteckte Ziele zu erreichen

- intensive Körpererfahrungen als Gegenpol zu einer modernen Arbeits- und Konsumwelt, die von Annehmlichkeiten geprägt ist und zunehmend von digitalen Medien bestimmt wird

- schöne Naturerlebnisse, die Resonanz erzeugen

- unvergessliche Reisen in ferne Länder zu Menschen, die fremd und durch die Verbindung mit dem Sport zugleich vertraut sind

- tiefe Freundschaften, die durch gemeinsame Erfahrungen geprägt sind und eng miteinander verbinden

- die Zugehörigkeit zu einer großen, sozialen Gruppe, deren Mitglieder ähnliche Werte und Lebensstile teilen.

Für mich war mein erster Ironman eine Art Selbstfindung. Als es weder beruflich noch privat gut lief und ich eine vorgezogene Midlife-Crisis hatte, half mir der Ironman, ein neues Selbstwertgefühl zu entwickeln. Mit dem Finish blieb die Anerkennung von außen nicht aus. Wichtiger war jedoch die tiefe Freundschaft mit Richie und die gemeinsamen Erlebnisse, die uns auch nach 20 Jahren noch verbinden. Je näher ich der magischen 10-Stunden-Marke kam, desto mehr entwickelte sich der Ironman zu einem Selbstoptimierungsprojekt, doch ich war nie bereit, alles dafür zu opfern oder unterzuordnen. So blieb es bislang bei meiner persönlichen Bestzeit von 10:15 Stunden. Je länger ich Langdistanz-Triathlon betrieb, desto mehr rückten andere Dinge wie schöne Naturerlebnisse und Reisen in den Vordergrund. Da war die Qualifikation für die Ironman Hawaii Weltmeisterschaft über das Legacy Programm, das erfahrenen Triathleten mit mehr als zwölf erfolgreich beendeten Rennen die Teilnahme ermöglicht, ein Geschenk des Himmels.

Jeder Athlet hat seine eigene Geschichte. Für manche ist der Ironman ein einmaliges Unterfangen, für andere eine Art Lebensstil, den sie über Jahre oder gar Jahrzehnte hinweg pflegen. Dabei hat der Ironman per se keinen Sinn, der von außen vorgegeben ist. Es ist vielmehr so, dass jeder dem Langdistanz-Triathlon selbst einen Sinn und seine eigene Bedeutung zuschreibt. Die unterschiedlichen Dimensionen können sich im Laufe der Zeit ändern – auf individueller wie auf gesellschaftlicher Ebene: Galt der Ironman vor vier Jahrzehnten noch als extreme Ausdauersportart von ein paar Sportverrückten, so ist er im Jahr 2021 eine bekannte, allgemein akzeptierte Sportart, die viele Menschen in der Gesellschaft anspricht.

Ich freue mich sehr darauf, die Leserinnen und Leser dieses Buches in der Post-Corona-Zeit persönlich beim Training oder bei einem Wettkampf zu treffen, um gemeinsam weiter über den Sinn eines Ironman zu philosophieren.

DANKSAGUNG

Das Schreiben eines Buches ist in gewisser Weise wie ein Ironman. Manchmal hat man einen Flow, und die Sätze fließen im wahrsten Sinn des Wortes wie von selbst. Wenn ich mehrere Seiten am Stück formuliere, dann ist das für mich ein Moment des Glücks und der inneren Zufriedenheit. Es kann jedoch auch vorkommen, dass sich die Gedanken im Kopf nicht entwirren und zu Papier bringen lassen. Wenn es nicht vorangeht, dann stellt man das gesamte Projekt in Frage. Mir ging es so, als ich bereits die Hälfte des Buches geschrieben hatte. In solchen Situationen gilt es, die negativen Gedanken zu vertreiben und „eisernen" Durchhaltewillen zu beweisen. Ähnlich wie der Ironman ist das Schreiben eine individuelle Beschäftigung, bei der man mit seinen Strukturierungen und Formulierungen allein ist, aber es immer wieder guttut, Unterstützung und Ermunterung von außen zu erhalten. So danke ich in diesem Zusammenhang besonders Mark Rohde, der die Idee des Buches von Anfang an sehr interessant fand und mich ausdrücklich ermunterte, damit anzufangen und weiterzumachen, wenn ich eine Durststrecke hatte. Er war der Erste, der als Triathlet im Trainingslager auf Mallorca für ein Interview zur Verfügung stand. Er hat sich die Mühe gemacht und die Zeit genommen, das gesamte Manuskript Kapitel für Kapitel in der Entstehungsphase zu lesen. Dabei hat er mir nicht nur in formeller, sondern auch inhaltlicher Hinsicht wertvolles Feedback und eine Reihe von neuen Anregungen gegeben. *Vielen Dank, Mark!*

Weiterhin möchte ich allen Triathletinnen und Triathleten danken, die sich die Zeit für die Interviews genommen haben, die ihre Erlebnisse und Emotionen, ihre Gedanken und Geschichten mit mir geteilt haben. In schwierigen Zeiten während Corona haben sie alle bereitwillig zugesagt und sich geöffnet. Es war eine wunderbare Erfahrung und eine große inhaltliche Bereicherung für das Buch. Ich hoffe, sie finden sich in den geschilderten Erzählungen, Erlebnissen und Emotionen wieder.

Darüber hinaus danke ich Brigitte Caspary und Rebekka Pfeiffer, die das Lektorat übernommen und dem Buch den letzten Schliff gegeben haben. Mein besonderer Dank gilt Iris Hadbawnik, der Inhaberin des Sportwelt Verlages. Als ich ihr im Sommer 2020 die ersten drei Kapitel des Buchprojekts sendete, erkannte sie das Potential und bot mir einen Autorenvertrag an. Nachdem ich ihr im Winter das Manuskript eingereicht hatte, beschäftigte sie sich intensiv damit und gab mir viel Feedback. Im ersten Moment fühlte es sich an, als sei ich bereits im Finish angekommen, aber sie sagte mir, ich solle noch einmal einen Halbmarathon laufen. Die Anregungen und die Überarbeitungen haben das Manuskript auf eine höhere Ebene gehoben. *Vielen Dank für den unermüdlichen Einsatz und das große Engagement, Iris!* In der Zusammenarbeit wird deutlich, dass du nicht nur eine Verlagsinhaberin mit vielen Talenten bist, sondern auch eine Ultraathletin, die dem Ausdauersport eine große Bedeutung und viel Sinn beimisst.

ANHANG

1   Vgl. beispielsweise den Bestseller des Schweizer Triathlon-Coaches Roy Hinnen, der bereits in der 4. Aufl. erschienen ist. Hinnen, Roy (2020): TRIATHLON TOTAL. Dein Weg zur neuen Bestzeit, Frankfurt am Main: Sportwelt Verlag.

2   Cooper, Kenneth H. (1968): Aerobics, M. Evans Verlag: Philadelphia. In Deutschland ist das Buch erstmals im Jahr 1970 unter dem treffenden, aber doch etwas langatmigen Titel „Bewegungstraining. Praktische Anleitung zur Steigerung der Leistungsfähigkeit" erschienen.

3   Die Geschichte von der Entstehung des Ironman Hawaii ist viele Male in der einen oder anderen Form erzählt worden. Sie bestärkt und verstärkt den Mythos vom Ironman Hawaii. Eine sehr gute und detaillierte Darstellung zur Geschichte und ersten Austragung des Ironman Hawaii 1978 findet sich in der deutschen Version von Wikipedia (https://de.wikipedia.org/wiki/Ironman_Hawaii_1978), auf die ich mich in den folgenden Ausführungen hauptsächlich beziehe. Zusätzlich ziehe ich authentische Originalquellen heran und lasse die Beteiligten selbst zu Wort kommen, die sich an die damaligen Ereignisse erinnern.

4   Die maximale Sauerstoffaufnahme (VO2max) gilt als die zentrale Maßzahl zur Beurteilung der Ausdauer. Sie gibt an, wie viele Milliliter der Körper maximal pro Minute bei Ausbelastung verwerten kann.

5   Zur detaillierten Darstellung des Rennverlaufs und den wörtlichen Zitaten von Gordon Haller vgl. Bloch, Volker (2019): Ironman Hawaii 1978: Die Geburtsstunde des Mythos Ironman. https://tri-mag.de/szene/geburtsstunde-des-mythos-ironman-146041/, abgerufen am 5.1.2021.

6   25 years of Ironman – John Collins tribute. https://www.youtube.com/watch?v=lKgtfi7cHMc, abgerufen am 5.1.2021.

7   Fishback, Dick (1978): Iron-Man Triathlon: Haller leads 15. Honolulu Advertiser, Ausgabe vom 19. Februar 1978, S. H-1, H-7.

8   McDermott, Barry (1979): Ironman. Sports Illustrated, Ausgabe vom 14. Mai 1979. https://web.archive.org/web/20110603233744/http://sportsillustrated.cnn.com/vault/article/magazine/MAG1094935/1/index.htm.

9   Vgl. zur eindrücklichen Darstellung der Szene Moss, Julie & Yehling, Robert (2018): Crawl of Fame. Pegasus Books: New York, London, S. 33-36.

10   Moss, Julie & Yehling, Robert (2018): Crawl of Fame. Pegasus Books: New York, London, S. 35.

11   Fitzgerald, Matt (2011): Iron War. Dave Scott, Mark Allen & The Greatest Race Ever Run. Boulder, Colorado: Velopress.

12 Desjarlais, Robert (2011): Counterplay. An Anthropologist at the Chessboard. Berkeley, Los Angeles, London: University of California Press.

13 Als Begründer der Ethnographie gilt Bronislaw Malinowski, der Anfang des 20. Jahrhunderts eine sehr bekannte Studie von einem Inselvolk im Pazifik durchgeführt hat. Vgl. Malinowski, Bronislaw (1922): Argonauts of the Western Pacific: An account of native enterprise and adventure in the Archipelagoes of Melanesian New Guinea. London: Routledge.

14 Schouten, John W. & McAlexander, James H. (1995): Subcultures of Consumption: An Ethnography of New Bikers. Journal of Consumer Research, 22(1): 43-61.

15 Die Interviews dauerten zwischen 40 und 120 Minuten. Ich habe sie alle mit Einverständnis der Triathleten aufgezeichnet und anschließend systematisch ausgewertet.

16 An der bekannten Sporthochschule Köln gibt es ein Institut für Soziologie und Genderforschung, welches sich intensiv mit solchen Fragen in Forschung und Lehre beschäftigt (Quelle: https://www.dshs-koeln.de/genderforschung/ abgerufen am 5.1.2021).

17 Harper, Douglas (2002): Talking about pictures: A case for photo elicitation. Visual Studies, 17(1): 13-26.

18 Vgl. Crocker, J. & Wolfe, C.T. (2001): Contingencies of self-worth. Psychological Review, 108 (3): 593-623; Crocker, J., Sommers, S.R. & Luhtanen, R.K. (2002): Hopes dashed and dreams fulfilled: Contingencies of self-worth and graduate school admissions. Personality and Social Psychology Bulletin, 28: 1275-1286.

19 Petersen, Ole. 1998. Ironman. Das 8-Stunden-Triathlon-Programm. Vom Anfang bis zum Finish. Reinbek bei Hamburg: Rowohlt Taschenbuch Verlag.

20 Die folgenden Ausführungen beruhen auf einem vertiefenden Interview mit Torsten Pretzsch am 25.3.2020 und seinem Buch. Pretzsch, Torsten (2016): Endlich mehr Sport. Das Geheimnis der Dranbleiber.

21 Vgl. dazu und den folgenden Ausführungen Badmann, Natascha (2015): 9 Stunden zum Ruhm, Bielefeld: Delius Klasing Verlag, S. 30-63.

22 Badmann, Natascha (2015): 9 Stunden zum Ruhm, Bielefeld: Delius Klasing Verlag, S. 33.

23 Badmann, Natascha (2015): 9 Stunden zum Ruhm, Bielefeld: Delius Klasing Verlag, S. 41.

24 Badmann, Natascha (2015): 9 Stunden zum Ruhm, Bielefeld: Delius Klasing Verlag, S. 51.

25 Badmann, Natascha (2015): 9 Stunden zum Ruhm, Bielefeld: Delius Klasing Verlag, S. 56.

26 Vgl. Eggebrecht, Harald (2017): 111 Gründe, Triathlon zu lieben, Berlin: Schwarzkopf & Schwarzkopf Verlag, S. 198-199.

27 Vgl. Eder, Michael (2018): Körper & Geist. Frankfurter Allgemeine Zeitung vom 13. Oktober 2018, Nr. 238, S. 36.

28 Vgl. Schmitt-Killian, Jörg & Niedrig, Andreas (2007): Vom Junkie zum Ironman, München: Wilhelm Heyne Verlag.

29 Vgl. Wildgruber, Florian (2017): Stärke. Warum wir alle mehr können, als wir glauben, Norderstedt: Books on Demand.

30 https://www.daniela-bleymehl.com, abgerufen am 5.1.2021.

31 https://de.erdinger.de/alkoholfrei/aktivblog/portrait-daniela-bleymehl, abgerufen am 5.1.2021.

32 https://eiswuerfelimschuh.de, abgerufen am 5.1.2021.

33 Zeug, Kathrin (2013): Süchtig nach Anerkennung. ZEIT Wissen, 4/2013. https://www.zeit.de/zeit-wissen/2013/04/psychologie-soziale-anerkennung, abgerufen am 5.1.2021.

34 Vgl. dazu und den folgenden Ausführungen https://de.wikipedia.org/wiki/Stoa, abgerufen am 5.1.2021.

35 Aurel, Marc (2019): Selbstbetrachtungen, Reclam Verlag: Stuttgart.

36 Vgl. dazu und den folgenden Ausführungen https://de.wikipedia.org/wiki/Französische_Revolution, abgerufen am 5.1.2021.

37 Braun, Judith (2020) https://www.psychophilie.com/blog-selbstoptimierung, abgerufen am 5.1.2021.

38 Vgl. Braun, Judith (2017): Selbstoptimierung – Versuch einer Definition. https://www.psychophilie.com/definition, abgerufen am 5.1.2021.

39 Wildgruber, Florian (2017): Stärke. Warum wir alle mehr können, als wir glauben, Norderstedt: Books on Demand, S. 58-59.

40 Sebastian Kienle zitiert in: Eder, Michael (2018): Die Kunst des Zerstörens. Frankfurter Allgemeine Zeitung vom 11. Oktober 2014, S. 36.

41 https://de.beatyesterday.org, abgerufen am 5.1.2021.

42 Oediger, Florian (2017): Lukrativer Dreikampf – Triathlon wächst rasant. Manager Magazin, https://www.manager-magazin.de/unternehmen/artikel/triathlon-fuer-die-industrie-eine-attraktive-zielgruppe-a-1151885.html, abgerufen am 5.1.2021.

43 Renz, Michael (2019): Wie dich ein IRONMAN verändert, https://medium.com/@Michael.Renz/wie-dich-ein-ironman-veraendert-c40b5eaf2899, abgerufen am 5.1.2021.

44 Renz, Michael (2019): Wie dich ein IRONMAN verändert, https://medium.com/@Michael.Renz/wie-dich-ein-ironman-veraendert-c40b5eaf2899, abgerufen am 5.1.2021.

45 Vgl. beispielsweise Krell, Michael (2017): Triathlon-Trainingseinheiten für Berufstätige: Effizient trainieren mit wenig Zeit, Hamburg: spomedis.

46 Renz, Michael (2019): Race Report Ironman Frankfurt 2019 – DNF, https://medium.com/@Michael.Renz/race-report-ironman-frankfurt-2019-dnf-b199ec651f57, abgerufen am 5.1.2021.

47 Vgl. Braun, Judith (2017): Ist und macht Selbstoptimierung wirklich egoistisch? https://www.psychophilie.com/blog/2017/7/18/ist-und-macht-selbstoptimierung-wirklich-egoistisch, abgerufen am 5.1.2021.

48 Vgl. Hinnen, Roy (2020): 100 % Triathlon, Frankfurt am Main: Sportwelt Verlag, S. 211.

49 Vgl. Braun, Judith (2017): Die Gründe für Selbstoptimierung. https://www.psychophilie.com/blog/2017/5/19/die-grnde-fr-selbstoptimierung, abgerufen am 5.1.2021.

50 MacKenzie, Brian, Galpin, Andy, White, Phil (2017): Unplugged. Evolve from Technology to Upgrade your Fitness, Performance and Consciousness, Las Vegas: Victory Belt Publishing.

51 https://eiswuerfelimschuh.de/mein-perfektes-schwimmtraining-tipps-fuer-entspanntes-schwimmen/, abgerufen am 5.1.2021.

52 https://eiswuerfelimschuh.de/freiwasserschwimmen-wie-der-fisch-im-wasser/#more-38904, abgerufen am 5.1.2021.

53 Die folgenden Ausführungen beruhen auf einem Wettkampfbericht, den Din auf ihrem Triathlon-Blog verfasst hat. Vgl. Eule, Din (2019) Ironman Florida 2018, https://eiswuerfelimschuh.de/ironman-florida-2018-teil-i-vorstart-freuden/, abgerufen am 5.1.2021.

54 Vgl. Schweibke, Johannes (2006): Quäl Dich, Körper! Zeit Nr. 3 vom 18.1.2006, https://www.zeit.de/zeit-wissen/2006/03/Sportpsychologie.xml/komplettansicht, abgerufen am 5.1.2021.

55 Vgl. Badmann, Natascha (2015): 9 Stunden zum Ruhm, Bielefeld: Delius Klasing Verlag, S. 71-87.

56 Aussage von Toni Hasler auf einem Mentaltrainingsseminar am 1.11.2003.

57 Badmann, Natascha (2015): 9 Stunden zum Ruhm, Bielefeld: Delius Klasing Verlag, S. 84.

58 Meier, Daniel & Hadbawnik, Iris (2018): Go hard or go home. Faszination Ultratriathlon, Frankfurt am Main: Sportwelt Verlag, S. 161-188.

59 Badmann, Natascha (2015): 9 Stunden zum Ruhm, Bielefeld: Delius Klasing Verlag, S. 84.

60 Vgl. Hasler, Toni (2003): Mentaltraining für Fortgeschrittene. Der Sieg findet im Kopf statt! Seminarunterlagen, Oftringen, S. 15-16.

61 Badmann, Natascha (2015): 9 Stunden zum Ruhm, Bielefeld: Delius Klasing Verlag, S. 152.

62 Sebastian Kienle zitiert in: Eder, Michael (2018): Körper & Geist. Frankfurter Allgemeine Zeitung vom 13. Oktober 2018, Nr. 238, S. 36.

63 Sebastian Kienle zitiert in: Eder, Michael (2018): Körper & Geist. Frankfurter Allgemeine Zeitung vom 13. Oktober 2018, Nr. 238, S. 36.

64 Vgl. Bette, Karl-Heinz (2005): Körperspuren: Zur Semantik und Paradoxie moderner Körperlichkeit, Bielefeld: transcript Verlag, S. 20-66.

65 Vgl. Bette, Karl-Heinz (2005): Körperspuren: Zur Semantik und Paradoxie moderner Körperlichkeit, Bielefeld: transcript Verlag, S. 10.

66 Vgl. Bette, Karl-Heinz (2005): Körperspuren: Zur Semantik und Paradoxie moderner Körperlichkeit, Bielefeld: transcript Verlag, S. 248.

67 Von Zois, Michelangelo (1908): Das Training des Rennfahrers, Berlin: Verlag der „Rad-Welt", S. 7.

68 Vgl. dazu beispielsweise die Pionierarbeiten von Cooper, Kenneth H. (1968): Aerobics, M. Evans Verlag: Philadelphia.

69   Vgl. Bette, Karl-Heinz (2005): Körperspuren: Zur Semantik und Paradoxie moderner Körperlichkeit, Bielefeld: transcript Verlag, S. 253.

70   Vgl. Bette, Karl-Heinz (2005): Körperspuren: Zur Semantik und Paradoxie moderner Körperlichkeit, Bielefeld: transcript Verlag, S. 253.

71   Vgl. zu dem gleichnamigen Bestseller von Harari, Yuval Noah (2014): Homo Sapiens. A Brief History of Humankind, London: Vintage Books.

72   Vgl. zu einem systematischen Überblick der wissenschaftlichen Studien Hansen, M.M. et al. (2017): Shinrin-Yoku (Forest-Bathing) and Nature Therapy: A State-of-the-Art-Review. International Journal of Environmental Research and Public Health, 14(8): 1-48.

73   Badmann, Natascha (2015): 9 Stunden zum Ruhm, Bielefeld: Delius Klasing Verlag, S. 154.

74   Vgl. Kaplan, Rachel & Kaplan, Stephen (1979): The Experience of Nature. A Psychological Perspective, Cambridge University Press: Cambridge, New York, Port Chester, Melbourne, Sydney.

75   Vgl. Kaplan, Stephen (1995): The Restorative Benefits of Nature: Toward an Integrative Framework. Journal of Environmental Psychology, 15(3): 169-182.

76   Vgl. Rosa, Hartmut (2016): Resonanz. Eine Soziologie der Weltbeziehung. 2. Aufl. Suhrkamp Verlag: Berlin.

77   Badmann, Natascha (2015): 9 Stunden zum Ruhm, Bielefeld: Delius Klasing Verlag, S. 68.

78   Frodeno, Jan (2018): Eine Frage der Leidenschaft. Mit Mut und Motivation zum Erfolg, Ariston Verlag: München, S. 18-43.

79   Sebastian Kienle im Interview mit tritime, Ausgabe 2/2020, S. 25.

80   Sebastian Kienle im Interview mit tritime, Ausgabe 2/2020, S. 25.

81   Vgl. Umweltbundesamt (2018): Freiwillige CO_2-Kompensation durch Klimaschutzprojekte, Dessau.

82   Wildgruber, Florian (2017): Stärke. Warum wir alle mehr können, als wir glauben, Norderstedt: Books on Demand, S. 59.

83   Bock, Niklas (2019): Anders als die anderen: Die neue Generation des Triathlonsports, https://pushing-limits.de/lifestyle/anders-als-die-anderen-die-neue-generation-des-triathlonsports/ abgerufen am 5.1.2021.

84   Vgl. Fauchart, Emanuelle & Gruber, Mark (2011): Darwinians, Communitarians, and Missionaries: The Role of Founder Identity in Entrepreneurship. Academy of Management Journal, 54(5): 935-957.

85   Tajfel, Henri (1974): Social identity and intergroup behavior. Social Science Information, 13(2): 65-93.

86   Moss, Julie & Yehling, Robert (2018): Crawl of Fame. Pegasus Books: New York, London, S. 12.

87   Moss, Julie & Yehling, Robert (2018): Crawl of Fame. Pegasus Books: New York, London, S. 18.

88 Vgl. McDermott, Barry (1979): Ironman. Sports Illustrated, Ausgabe vom 14. Mai 1979, S. 89-102 zur Beschreibung dieser Szene, den Rennverlauf und den Teilnehmern des Ironman Hawaii 1979.

89 Vgl. Eggebrecht, Harald (2017): 111 Gründe, Triathlon zu lieben, Berlin: Schwarzkopf & Schwarzkopf Verlag, S. 16-17.

90 Vgl. hierzu beispielsweise die Deutsche Gesellschaft für Sport-Zahnmedizin (DGSZM) oder die European Association for Sports Denistry (EA4SD).

91 Vgl. dazu und den folgenden Ausführungen Belz, Frank-Martin & Peattie, Ken (2012): Sustainability Marketing: A Global Perspective, Wiley: Chichester.

92 Vgl. Eder, Michael (2018): Die Kunst des Zerstörens. Frankfurter Allgemeine Zeitung vom 11. Oktober 2014, S. 36.

93 Vgl. Daniela Marthold im Interview mit tritime, Ausgabe 3/2020, S. 34.

94 Vgl. Meier, Daniel & Hadbawnik, Iris (2018): Go hard or go home. Faszination Ultra-triathlon, Frankfurt am Main: Sportwelt Verlag.

95 Vgl. Seligman, Martin (2012): Flourish. Wie Menschen aufblühen. Die positive Psycho-logie des gelingenden Lebens, München: Kösel Verlag.

96 Vgl. dazu und den folgenden Ausführungen Moss, Julie & Yehling, Robert (2018): Crawl of Fame. Pegasus Books: New York, London.

97 Vgl. Cöln, Christoph (2020): Reife Leistung. Mit Sport dem Alter trotzen. Inspirierende Geschichten von Menschen über 70, München: Riva Verlag.

98 Fitzgerald, Matt (2011): Iron War. Dave Scott, Mark Allen & The Greatest Race Ever Run, Boulder, Colorado: Velo Press.

99 Vgl. Fitzgerald, Matt (2011): Iron War. Dave Scott, Mark Allen & The Greatest Race Ever Run, Boulder, Colorado: Velo Press, S. 59-72. Dabei bezieht er sich auf die Studie des Soziologen Michael Atkinson. Vgl. Atkinson, Michael (2008): Triathlon, suffering and exciting significance. Leisure Studies, 27(2): 165-180.

FOTOVERZEICHNIS

FinisherPix®: S. 8-9, S. 66-67

Max Schaefer / Shutterstock.com: S. 13, S. 180-181

Ingo Kutsche: S. 14-15

Mark Kleanthous / ironmatecoaching.co.uk: S. 19

Attila Schlüter: S. 21, S. 152, Porträtfoto Umschlag

Niyazz / 123RF.com: S. 28

Roberto Del Bianco / Shutterstock.com: S. 30-31

Privatarchiv Frank-Martin Belz: S. 35, S. 42, S. 92, S. 124, S. 127, S. 176

Christoph Raithel: S. 44-45

Privatarchiv Florian Wildgruber: S. 49, S. 122

Privatarchiv Daniela Bleymehl: S. 52-53, S. 100-101, S. 102

Oliver Eule / eiswuerfelimschuh.de: S. 56, S. 87

Metamorworks / istockphoto.com: S. 60-61

Privatarchiv Michael Renz: S. 70

Leon Klug / Shutterstock.com: S. 74-75

Edward Snow / istockphoto.com: S. 90

Lukasz Janyst / 123RF.com: S. 105

Peter Binó / 123RF.com: S. 105

Privatarchiv Cynthia Junghanns: S. 107, S. 170

PeopleImages / istockphoto.com: S. 118-119

ArtistGNDphotography / istockphoto.com: S. 134-135

Privatarchiv Patrick Lange: S. 138

Privatarchiv Nadine Hunzinger & Mark Rohde: S. 142

Sportgraphic / 123RF.com: S. 146-147

Privatarchiv Richard Schildknecht: S. 151

Justin Durner / DC Tri Club: S. 154-155

Peter Kováč / 123RF.com: S. 166-167

Tobias Dick / tobiasdick.de: S. 170

Kerstin Leicht / kerstinleicht.de: S. 174

Tabea Vogel: S. 194

Katrin Meier: S. 195

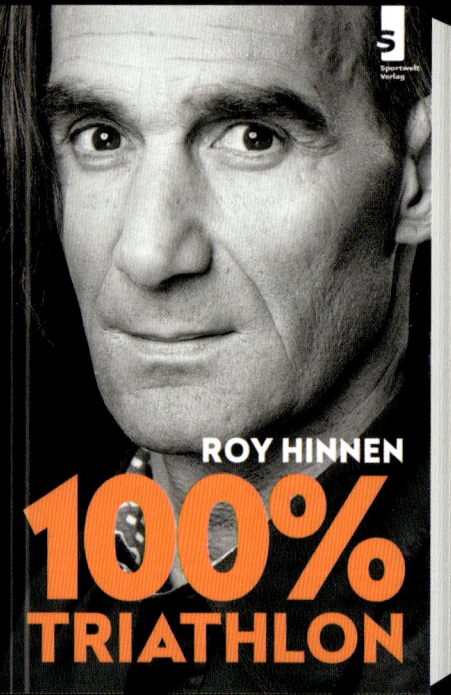
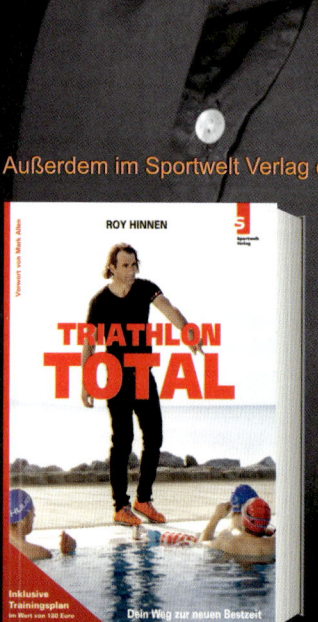